やりたいことはよくわかりませんが、私の適職教えてください！

田中勇一
●キャリアカウンセリング実績１万人以上！

小林義崇
●東京国税局職員からライターに転身！

徳間書店

このまま今の
会社に勤めていても
将来は暗い…

もっとお金を
稼ぎたい…

職場の人間関係に
悩みたくない…

時間や場所に
縛られずに
働きたい…

そんな思いはあるけど…

資格や
スキルは
特にない

特別な才能
なんか
あるわけもない

お金も
時間の余裕も
ない

自分の
やりたいことも
よくわからない

こんな悩みを
抱えているなら、
本書の物語を読んで解決!

物語を読めば、
自分の
「本当にやりたいこと」が
見つかる。
自分の強みと個性を
理解できる。

「本当にやりたいこと」を
仕事にできたなら、
ストレスフリーで稼げる。
本書で今より
幸福度の高い人生を
手に入れよう！

登場人物紹介

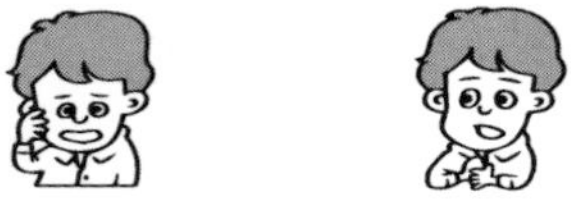

笹山哲平
（ささやま・てっぺい）

30歳男性。大学卒業後、大手商社に総合職で新卒入社し、現在7年目。30代に入り、「このまま今の仕事を続けていていいのか」と悩むようになる。妻は専業主婦で、自宅のローンもあるため、「キャリアチェンジに失敗は許されない」とプレッシャーを感じている。

ジョン田中
（じょん・たなか）

50歳男性。キャリア支援を手掛ける複数の企業を立ち上げアーリーリタイアをしたが、「人のキャリアを応援すること」をミッションに、個人的にキャリアカウンセリングを続けている。日本人だが、ジョン・レノンの楽曲を趣味で歌っているため、周囲からはジョンと呼ばれている。

目次

STEP 2 「情熱」に火をつける

STEP3 「方向性」を仮決めする

STEP 4 「本当にやりたいこと」をつかむ

STEP 5　実際に「仕事」にしてみる

プロローグ

笹山哲平は30歳・既婚にして転職活動をスタートするも、なかなか採用面接を受ける企業を決めきれずにいた。
「選択間違いは許されない」と自分にプレッシャーをかけるあまり、イライラは募るばかり。会社では裏切り者のような気持ちになり、帰宅すれば妻から無言のプレッシャー。
やがて、仕事帰りはバーに立ち寄り、悶々とした時間を過ごすようになった。
ある日、いつもよりもカクテルを飲みすぎた笹山は、立ち上がるなりふらついてしまい、同じカウンターにいた男から「大丈夫ですか」と声をかけられる。

その男はバーの常連で、明らかに日本人なのにマスターから「ジョンさん」と呼ばれていたので、笹山はちょっと気になっていた。

酔い醒ましの水をもらった笹山は、ジョンに付き添われながら、なんとなく身の上話を始めた。

話を聞くと、ジョンはキャリアカウンセリングの仕事をしているという。

酔いも手伝って、笹山はこれまで誰にも相談できなかった転職の悩みを打ち明けることにした。

答えを出せない自分に、何かしらの方向性を示してくれることを期待して。

ところが、会話が始まって数分後、早くも笹山は後悔することになる。

※本書はフィクションですが、紹介している事例は著者・田中勇一のキャリアカウンセリングの実例に基づくものです。キャリアに関するよくある疑問をひとつひとつ解きほぐしていけるように、対話形式としました。

STEP 1

人生の迷いを生む
5つの「誤解」を解く

キャリアチェンジの5つの誤解

笹山　え？　今なんておっしゃいました？

ジョン　**「笹山さんは転職すべきではない」と言いました。**

笹山　そんな……。

キャリアカウンセリングって、要は転職相談ですよね。いい条件の転職先の探し方とか、履歴書の書き方とかを教えてもらえると思ったんですけど。だいたい、僕のことをそこまで知らないのに、どうしてそんなことが言えるんですか？

ジョン　少し落ち着いてください。たしかに、私は笹山さんがおっしゃるようなノウハウ情報を教えることもできます。

でも、今のあなたにそれを教えるのは、正直言って意味がありません。

笹山　理由を教えてください。

ジョン　今の笹山さんが転職活動を本格的に始め、次の就職先を見つけることができたとしましょう。でも、今笹山さんが抱えている問題が根本的に解決することはない。そう私は感じたからです。

笹山　抱えている問題、ですか？

ジョン　そうです。あらためてお聞きしますが、笹山さんはどうして転職したいのですか？もう少し詳しく聞かせてください。

笹山　さきほど言ったように、収入を増やしたいというのが一番の理由です。会社に入って7年経ちましたが、ふと、『このまま定年まで今の職場にいていいのか』という気持ちが湧いたんです。

今は、僕が就職活動をしていた頃よりいい条件の求人も多いみたいだし、バリバリ稼いでいる同級生もいて、なんとなく焦るようになってきて。

それに、僕の働いている会社も年々業績が下がっているらしく、リストラの噂もあるので、今のうちに見切りをつけようと思ったんです。

ジョン　なるほど。ところで笹山さんは今、どういう仕事をされているんですか？

笹山　あまり言いたくないのですが……。実は、〇〇商事に勤めています。今年で7年目です。

ジョン　それはすごいじゃないですか。
笹山　いや、そんな大したことは。
ジョン　誰もが知る大手ですよ。むしろ○○商事に転職したいという人も多いでしょう。
笹山　だから、あまり転職したいなんて言いにくくて。相談したところで、「そんないいところに勤めているのに、辞めたらもったいない」って言われるだろうし。
でも、外からどう見えているか分かりませんが、やっている仕事はいわゆる平のサラリーマンですよ。今は輸入関係の業務効率化やコスト削減を任されていますが、モチベーションが上がらず、困っています。
まあ、異動も多いので、いずれ事務をやることもあれば、営業や広報に配属されることもあると思いますが。どの仕事も、はっきり言ってやりたいと思えません。会社にいいように使われているだけですからね。
ジョン　そして、なんとなく焦りを感じて転職活動を始めたものの、前に進まない。
笹山　まあ、そうです。
ジョン　やはり、今お話を聞いて確信しました。笹山さんはこのまま転職をしても、また同じような不満を抱えることになります。

なぜなら、「本当にやりたいこと」を見つけていないから。

笹山　本当にやりたいこと、ですか？　僕は、別にそんな大それたことを望んでいません。そもそもやりたいことを仕事にできる人なんて特殊な人だけですよ。

僕は、今より収入が高くて、残業や転勤が少ないところなら、こだわりはないんです。安定した大企業で、しかも将来の見通しが明るい業界に転職できれば、それが一番ですね。

ジョン　そこが、まず大きな誤解なんです。

私はこれまで1万人を超える方のキャリアチェンジをお手伝いしてきましたが、誰もが共通して抱えている「5つの誤解」があります。この誤解をまず解かなければ、キャリアチェンジが本当の意味で成功することはありません。

笹山　５つの誤解、ですか？

ジョン　はい。笹山さんの話を聞いていて、まさに5つの誤解を抱えていると確信しました。

笹山　それはどういう？

ジョン　では、順番に誤解を解いていきましょうか。具体的にキャリアチェンジについて考えるのは、その後で十分です。

笹山　なんだか変な話になってきたな……。

誤解1　安定した仕事に着くのが一番

ジョン　**ひとつ目の誤解は、「安定した仕事に就くのが一番」という思い込みです。**

笹山　それって普通の考えじゃないですか？　いつ潰れるのかわからない零細企業よりも、安定した大企業の方がいい。だから就職の志望倍率も大企業になるほど高いわけで。公務員も人気ですよね。

ジョン　志望倍率の高さは、それだけ誤解をしている人が多いことの証拠です。もちろん、零細企業よりも、リソースが多い大企業の方が、会社自体は長く続く可能性が高いでしょう。

しかし、最近は日本を代表するような大企業でも大規模なリストラを行っていますし、かつては安定した会社の筆頭にあがっていたメガバンクもリストラ計画を発表しています。

こうしたリストラを行えば、コスト削減により企業は生き残れるかもしれません。でも、リストラを受けるかもしれない社員の立場で考えると、決して安定していませんよね。

笹山　……。

ジョン　それに、経済環境が大きく変わっている今、大企業だから確実ともいえませんよ。むしろ、業種によっては小回りの聞く中小企業のほうが生き残ることもあるでしょう。

誰もが知る老舗企業がリストラや廃業に踏み切る一方で、中小企業が競合となることも今は少なくありません。

とくにＩＴの分野では、GoogleやFacebookといった若い企業が世界のビジネスを席巻していることからも、そうした変化がうかがえます。**今から10年後、20年後を予想すると淘汰される大企業は増えていくはずです。**

笹山　まあ、たしかにそういう面はあるかもしれませんね。

僕の勤めている会社も、少し前は安定企業だと思って疑いませんでしたけど、最近になって経営不振がニュースになっています。

でも公務員みたいに、絶対に安泰な仕事もありますよね。１００％ではないにせよ、できるだけ将来も安定していそうな会社を狙いたいんです。もう結婚をしていますし、年齢的にもリスクは取りたくない。

ジョン　もうひとつ、考えなければならないことがあります。

笹山　なんですか？

ジョン　笹山さんが本当に安定を望むのであれば、就職先よりも先に、笹山さん自身に目を向けるべきです。

笹山　僕自身？

ジョン　例えばこう考えてみてください。大企業に入ったけれど、他の企業では使えないスキルしか身につけていないAさんと、零細企業に勤めているもののITなどの専門スキルを身につけたBさん。どちらが安定していますか？

笹山　Bさん、ですか？

ジョン　そうです。Bさんは、もしかすると会社はなくなってしまうかもしれませんが、専門的なスキルがあれば転職に困ることはないでしょう。それまでの強みを生かしながら、同じ分野で働き続けることができます。一方、Aさんは、万が一会社のリストラにあえば、途端に行き場を失ってしまいます。

笹山　うーん。でも、定年を迎えるまで会社に残っていられるならAさんのほうがいいですよね。転職するのも大変ですから。

ジョン　ひとつの会社に依存するのは、決していいことではありません。待遇が下がったり、人間関係などのトラブルにあったりしても会社にしがみつくほかなく、常に不安を抱えることになってしまう。

それに、今の笹山さんのように、人間の気持ちは変わりますから、ある日突然会社を離れたくなるかもしれません。**そういうとき、自分の本当にやりたいことを理解していれば、その方**

向に向かって勇気をもって踏み出せます。

笹山　方向性……。たしかに、今の僕はどの方向に進めばいいのか見えていません。大企業に入れば勝ち組と思っていましたが。考えれば考えるほど、わからなくなるんです。

ジョン　方向性の見出し方については、いずれお話しましょう。

とにかく、カゴの中の鳥は、カゴの中にいるうちは安全ですが、長い目で見るとそれが幸せであるとは限りません。餌がなくなったからといって外に飛び出しても、野生を失っていたら生き残ることは困難です。

笹山　……じゃあ、難関資格を目指すのはどうでしょう。税理士とか社会保険労務士、公認会計士とかの専門学校に行くことも実は考えていたんです。専門スキルが大切というのは理解できるので、そういう資格を目指すのはありかな、と。

ジョン　**残念ながら、資格神話も既に崩壊しています。**

笹山　え、そうなんですか？

ジョン　私自身、ＭＢＡ（経営学修士）を取っていますが、昨今はビジネス環境の変化が激しく、企業は経験豊富な即戦力を求める傾向が強まっているので、ＭＢＡは重視されなくなっています。

10年ほど前までは、優良外資系企業や大企業はこぞってMBAホルダーを採用していたのですが、時代は変わりましたね。

笹山　MBAをとるようなエリートでも難しいのか……。

ジョン　笹山さんがやりたいことをするうえで、税理士や社会保険労務士などの資格が必要であれば、ぜひともチャレンジしてください。勉強のために多くの時間やお金がかかるとしても、費やすだけの価値があります。

でも、やりたいことがはっきりしていない今の段階では、資格を取るための時間や費用は無駄と言わざるを得ません。せっかく資格を取っても、「こんな仕事はしたくなかった」と後から気がつくのは怖いですよね。

笹山　ますます、自分がどうすればいいのか分からなくなってきました。

ジョン　大丈夫。まずは焦らないことです。きちんと順序立てて考えていけば、必ず本当にやりたいことは見つかりますよ。ひとまず、笹山さんの誤解を解いていくのが先決です。

誤解2　我慢していれば報われる

笹山　実は、僕が転職を考えた理由のひとつに、会社の先輩の言葉があるんです。先輩といっ

大企業の顔ぶれは たった30年で様変わりする！

1989年、世界の各企業の時価総額ランキングで、日本の企業が上位50位に数多くランキング入りしました。

NTT、日本興銀、住友銀行が世界のトップ3、そして上位50社中32社が日本企業でした。1989年といえば、日本がバブル景気の時期なので、その影響も大きかったのでしょう。

ところが、その30年後の2019年。企業の時価総額ランキングでトップになったのはアップル社でした。他に上位に入ったのは、アマゾンやマイクロソフト、アリババなどの企業です。

30年前に上位50社にランキングされていた日本の企業で、2019年もランキング入りしたのはトヨタ自動車のみ。以前の32社からたったの1社だけでした。

「30年も経てば、変わるのは仕方ない」と思うかもしれません。しかし、自分事として考えてみてください。

新卒で大企業に入社して30年、50代前半のときに安泰だと思っていた会社が傾いてしまっている可能性は大いにあるということです。

つまり、いま現在の企業の大小で判断するのは危険なのです。

ても僕よりずっと年上で50歳くらいなんですが。
その先輩は、出世コースから外れてしまったみたいなんです。同期が管理職になっているのに、主任クラスにとどまっていて。別に何か問題を起こしたわけではないのに、どこか要領が悪くて上司の評価が低い。
その先輩が、ポロッと飲み会の席で会社の待遇に文句を言ったんです。「これまでずっと我慢して会社の言うとおりにやってきたのに、約束が違うよな」「もっと若ければ、こんな会社は辞めてたよ」って。
その言葉を聞いていて、僕はなんとも言えない気持ちになりました。思い返せば、その先輩の言葉を聞いたのが、転職を考え始めたきっかけだった気がします。

ジョン　なるほど。そういう人はどこの会社にもいます。**その方も、「我慢していれば報われる」という誤解を抱え続けているのでしょう。**
でも、そうした時代は、もう過去のものなのです。そのまま我慢していても、状況が今より良くなることはない。

笹山　それは、ちょっとひどくないですか？

ジョン　厳しい話かもしれません。私の父も銀行に勤めていたので、よく「俺が会社や日本のために昼夜問わず働いているから、お前たちは学校に行けるし、好きなものを食べられるんだ」と言っていました。

こういう価値観が、少し前の日本では常識でした。

高度経済成長期の日本は、上からの指示を守ってさえいれば、経済成長の恩恵を受け成果をあげられていたからです。

働くひとも、我慢に対して、昇進や昇級といった見返りがあったので、イヤイヤながらも納得していました。

笹山　なんとなく分かります。上司から面倒くさい仕事を押し付けられても、「これでボーナスが出るなら」と思えば耐えられますけど、サービス残業は絶対にしたくないですからね。

ジョン　ところが今の時代は、日本の経済成長は鈍化し、企業の業績もかつてのように右肩上がりではありません。

だから、会社としても働く社員に見返りを与えられなくなっています。いくら社員が我慢したところで、会社としては、業績につながらなければ「無い袖は振れない」というわけです。

もっとも、会社が社員に与えられるのは金銭的な見返りだけではないのですが、やりがいや成長実感といった、目に見えない報酬さえも与えられない企業が少なくないという状況にあります。

笹山　ジョンさんが言いたいのは、今の時代は我慢をしてもいいことはないから、好き勝手にしろ、ということですか？　でも、それってワガママですよね？

ジョン　ワガママという言い方も間違いではありません。**言葉を変えれば、「自分に正直になって、やりたいことをやるべき」ということです。**

笹山　やりたいこと。難しいですね。

ジョン　**おかしなもので、人は「我慢しなさい」と言われればできても、「やりたいことをやりなさい」と言われれば困ってしまうものです。**やりたいことの見つけ方は、またお話ししたいと思いますが、「我慢する」と「やりたいことをやる」という意識の違いが、仕事の成果に実際に影響します。

笹山　でも、会社って社員に我慢を強いるものですよね。現実として、わがままを言うのは許されない雰囲気があります。

ジョン　そうしたあり方では、もう業績をあげられないことを企業も理解し始めていますよ。たとえば、ソニーミュージックが採用のキャッチコピーに「変人、募集中。」という言葉を打ち出し話題を集めたことがありました。ほかにも「変人採用」といった表現を使う企業もあるようです。

我慢していれば報われる…
そんな時代は終わった！

■高度経済成長期の日本

■現在の日本では？

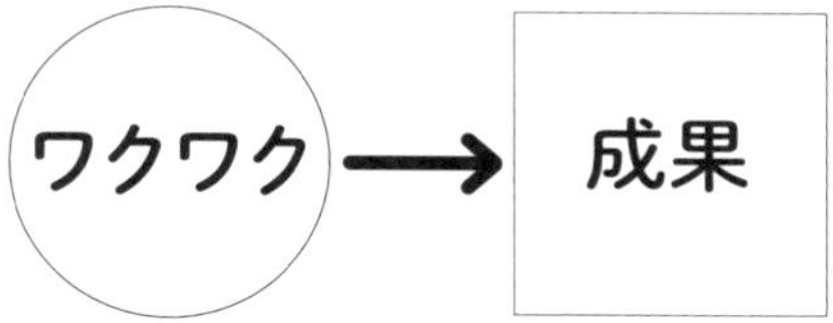

　以前は言われた通りに仕事をすれば成果が出たので、ときには我慢をすることが美徳となっていました。しかし今、自分の周りを見渡してみてください。ものすごく我慢して働いて、成果を出している人はいますか？

　成果を出している人は、おそらく楽しそうに仕事をしている人のはずです。

笹山　変人、ですか。どうしてそんな妙なことになっているんですか？

ジョン　日本企業は高度経済成長期のやり方では勝てなくなってきました。「定められた手順どおり効率的にやる」という方法は通用しません。

そこで、ビジネスに変革をもたらす、イノベーティブな人材を求める企業が増えているというわけです。

「ワガママ」と思われるような考えが、もしかすると企業を大きく成長させるかもしれないとして評価が高まる一方で、ただ会社の言うことを聞いて我慢している人は、評価されなくなってきています。

笹山　我慢をせずにいると、かえって会社から評価される。なんだか不思議です。

ジョン　人は「我慢している」と思うと、やがて恨み、嫉妬、ひがみといった負の感情を生みます。これは職場の雰囲気にも悪い影響をおよぼしますし、誰にとってもいいことになりません。

笹山　僕の先輩も、なんとなく職場では腫れ物のような感じです。

ジョン　**逆に、自分がワクワクしながら仕事ができれば、自分が満たされているので、自然と周りのことを考えられるようになりますよ。**自分が幸せに働けて、周りの人も幸せになる。そんな仕事ができる手段を考えていきましょう。

誤解3 自分にはやりたいことなんてない

笹山　でも、「本当にやりたいこと」と言われても、まだピンと来ません。「スポーツ選手として金メダルを取りたい」とか、「歌手として武道館をいっぱいにしたい」とか、分かりやすい夢があればいいですけど。

ジョン　**やりたいことがない人なんて、どこにもいませんよ。それは自分の本当の気持ちに気がついていないだけです。**そもそも、やりたいことが何もなければ、笹山さんが転職を考えるはずがありません。

笹山　それは先程言ったように、収入面とかを考えて。

ジョン　もちろんそれも理由ではあるでしょう。

　ただし、それは「表向き」の理由に過ぎません。私がキャリアチェンジのお手伝いをした方の多くも、最初は収入アップが目的でも、やがて本当にやりたいことを見つけ、収入よりも大事なことがあることに気付きました。

笹山　うーん。でも収入だけは譲れないんですよね。今の家のローンもあるし、子どもも欲しいので。生活レベルを落とすのは最終手段で、できれば避けたいです。

ジョン　「やりたいこと」を仕事にしながら、収入も増やす方法はあります。この点もいずれお伝えしますから安心してください。

逆に、「やりたいこと」を考えずに、最初から収入アップだけを目指したら、どうなると思いますか?

笹山　収入が増えない?

ジョン　少し違います。**ノーベル経済学賞を受賞したダニエル・カーネマン教授らの発表によると、幸福度と収入は比例するとのことです。**

笹山　やっぱり!

ジョン　でも、幸福度は年収7万5000ドルで頭打ちになるそうです。つまり、それ以上収入が増えても、さほど幸福度には影響しません。

笹山　7万5000ドルっていうと、800万円くらいですよね。それくらいで頭打ちになるのは意外です。なんとなく年収1000万円に憧れますけど。

ジョン　年収が高くなると、その瞬間は嬉しいと思いますが、幸福感は持続しないでしょう。一方、金銭以外、たとえば「やりがいのある仕事」「コミュニティとの良い関係」「わくわくするような体験」といった要素が揃うと、幸福度は高まり、持続します。

笹山　金銭以外。今の仕事も収入に不満というわけではないんですよね。下がるのは嫌でした

収入が増えるのはいいこと。でも、幸福度はそれだけでは高まらない

■幸福度が高まる「お金」以外の要素

やりがいのある仕事	コミュニティとの良い関係	わくわくするような体験

↓

幸福度がアップ＆続く

収入は、幸福度を高める大事な要素ではありますが、ダニエル・カーネマン教授の研究によると、限界があります。一方で、幸福度は上記のようなお金以外の要素で高められます。

つまり、お金ばかりを気にして転職や起業などを考えると、最終的に幸福度が高まるかどうかは未知数なのです。

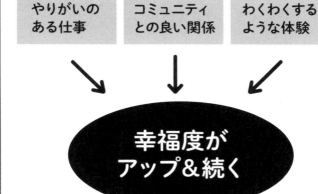

が。言われてみれば、僕が転職を考えたのも、お金以外の要素が理由になっている気がします。

ジョン　はい。笹山さんの心の奥には、正直な気持ちが隠れています。キャリアチェンジを通じて今より幸せになりたいなら、収入以外にも考えるべきことがあるし、その答えは笹山さんの中にあるということですよ。

笹山　わかりました。いったん収入のことは考えないでおきます。それにしても、僕でもやりたいことを見つけられるのかな。ちょっと信じられません。

ジョン　はい、必ず。

まずは、「やりたいこと」をあまり大袈裟に考えるのはやめましょう。スポーツ選手や歌手のような分かりやすい夢がなくても大丈夫です。

「やりたいこと」をゼロの状態から探しにいくわけではなく、笹山さんの心の中を掘り起こしていけば見つかります。

笹山　僕の心の中。ちょっと怖い気もします。

ジョン　誰でも最初はそう感じるものです。

そういえば笹山さんは、どうして今の就職先を選んだのですか？　商社の仕事といえば、ビジネスの仲介ですよね。グローバルで大きなビジネスができるところが魅力的だと思いますが、昔からなりたかった仕事ではなかったのでしょうか。

笹山　もともと中学生の頃はテレビゲームが好きで。ゲームクリエイターになりたいと思っていたんです。

でも高校の数学でつまずいてしまって。学校の先生からも文系のほうが偏差値の高い大学を狙えると言われ、大学は外国語学部を選びました。その流れで、今の就職先を選んだという感じです。

ジョン　就職先を選ぶポイントはなんでしたか？

笹山　就職活動のときは、収入などの条件を見て、いくつか面接を受けました。○○商事はその一社です。内定をもらった中では条件が良く、それなりに名前の知られている会社ということもあり選びました。

学生の頃は成績も悪くなかったので、そういうところを評価してくれそうな会社という点も意識しましたね。

ジョン　わかりました。その選び方の是非は一旦脇に置くとして、こうやって昔のことを振り返ると、ささいな気づきがヒントになりますよ。

今の会話だけでも、ゲームを好きなこと、数字に苦手意識があることなど、笹山さんのことが分かってきます。後でさらに深堀りさせていただきますね。

誤解4 やりたいことを仕事にするにはお金や才能がいる

ジョン 次の誤解が、「やりたいことを仕事にするには、お金や才能がいる」というものです。

笹山 それはすごく思います。「やりたいこと」が大事ということは何となく分かってきましたが、それが見つかったとして、仕事にするのはまた別の話ですよね。

ジョン 笹山さんが、やりたいことを仕事にしている人って、どういう人ですか？

笹山 えっと、スポーツ選手とか、漫画家とか。芸能人もそうかもしれません。そういう仕事でプロとして食べていけるのはごくわずかなわけで、それこそしばらく食べていけるだけのお金や、特別な才能のある人じゃないと無理だと思います。

ジョン なるほど。**じゃあ、笹山さんのなかでは、サラリーマンをしている人はみな、「やりたくもないことを、イヤイヤやっている」ということなんでしょうか？**

笹山 いやいや、そんなことは……。まあ、サラリーマンでもやりたいことを仕事にしている人はいると思います。

同級生には会社ですごく楽しそうに仕事をしている人がいますし、会社の同期の中にも、僕から見れば何が面白いのか分からない業務にやる気を出している人はいます。かなりレアですけどね。

ジョン　ところで、楽しそうに会社で仕事をしている人は、会社から評価されていますか？

笹山　そうですね。上司から買われていて、この前の異動では花形と言われている部署に行きました。出世コースに乗ったのかもしれません。

ジョン　じゃあ、そのまま出世コースにいれば、金銭的にも他の同期よりも恵まれそうですね。

笹山　たしかに……あっ。

ジョン　「お金があるから、やりたいことをやれる」というのは、実にもっともらしい考えです。

でも、多くの場合、真実は逆です。**やりたいことをやるからこそ能力が磨かれ、お金もついてくる。そうして本当にやりたい仕事になっていきます。**

もし笹山さんが雇い主だとしたら、「やりたいと思って仕事をしている人」と「やりたくないのに仕事をしている人」のどちらに多くの給料を支払いたいですか。

笹山　それは、やりたいと思っている、やる気のある方ですよ。

ジョン　笹山さんの同期も、入社した時は笹山さんとスタート地点は同じだったはず。それでもやりたいことを仕事にできたことで、高い評価を得ることができています。この差は時間が経つほどに開き、大きな収入の差につながることは明らかです。

笹山　それは分かります。

でも、「やりたい」と「能力がある」というは別の話だと思います。僕がもし今の仕事をやりたいと思っていても、能力がなければ評価されないじゃないですか。

ジョン　着眼点は悪くないです。しかし、「どちらも大切」というのが正解です。

笹山　どちらも……。ますます自分に自信がなくなってきました。

ジョン　大丈夫。**「自分のやりたいこと」に「すでに備わっている強み」を重ねれば、きちんと仕事になりますよ。ここからお金を得て、能力も磨かれていきます。**

強みの見つけ方は、またお話するつもりですが、ひとまずは、笹山さんも「自分には何かしらの強みがある」と言う事実は、今ここで認めてください。

笹山　そうはいってもなあ……。学生時代は勉強ができたほうですが、仕事に関することとなると、正直言って自信がありません。

社会人になってもうじき10年目が見えていますが、だんだん同期との差も感じるようになってきました。

やりたいことをやるから、
能力が身につき、お金もついてくる！

■これまでの考え方

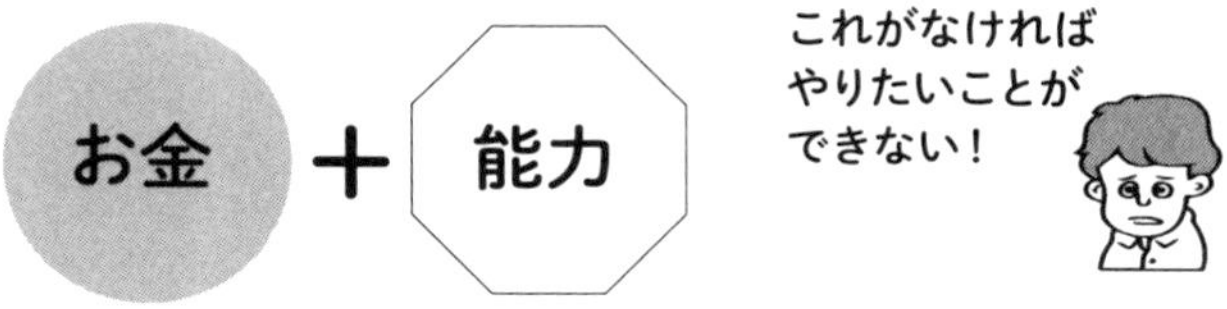
お金
＋
能力
これがなければ
やりたいことが
できない！

■これからの考え方

やりたいことを
やっていたら
なんと自然と
ついてきた！
お金
＋
能力

プロのスポーツ選手は、お金や能力があったからプロになれたのでしょうか？　本人の「やりたい」気持ちがあったからです。

そうは言っても、もともと才能があったからプロになれたんだと思うでしょう。しかし、その才能があったとしても、
本人のやりたいことでなければ花開きません。

つまり、まずは「やりたいこと」を探すことが大事なのです。

ジョン　私はそうは思いませんが。笹山さんには、人よりもうまくできることがないですか？　何でもいいです。

笹山　うーん……。パワポでスライドの資料を作るのは得意かもしれませんね。本当は後輩に任せてもいいんですが、遅いし、出来がイマイチだからイライラしてしまいます。上司も急ぎでスライド資料が必要なときは、いまだに後輩じゃなくて僕に指示するんですよ。

でも、僕としては大したスキルじゃないんですけどね。ちょっと勉強すれば誰でもできる。転職のアピールポイントとしても弱いだろうな。

ジョン　転職のことはいったん忘れて！　少しだけ自分に優しくなってください。それに、今の考え方は悪くないですよ。笹山さんは、自分の強みを正しい理屈で認識できています。

笹山　どういうことですか？

ジョン　今、笹山さんは、2つの側面から自分の強みを自覚していました。**ひとつは、「人よりも自然にこなせる」という点。**できない人を見て「なんでこんなこともできないのか」と思ってしまうことは、紛れもなく笹山さんの強みです。

もうひとつは「人から頼られる」という点。上司からほかの誰でもなく笹山さんが頼りにされているのは、何であれ素晴らしいことですよ。

笹山　そういうものなんですか。ちょっとだけ自信がついてきたような気がします。単純です

自分の強みをふたつの側面から
考えてみよう！

■強みは特殊技能ではない！

強み

＝

人よりも自然に
こなせること

＝

人から頼られる
こと

強みと言うと、難しく考えがちですが、上記のようなふたつの側面で考えてみると、意外と見つけやすいものです。特殊な能力をさがすわけではありませんし、ことさらに自分に厳しくする必要もありません。

特に「人から頼られること」は、自分でも気づいていない強みの可能性があります。なぜなら、他人から見たあなたの強みを示しているからです。

かね（笑）。

ジョン　自信をもってください。「強み」という言葉には、際立った特殊技能のような響きがありますが、決してそうではありません。

積み上げてきたものだけでなく、自分が生来備えた個性だって立派な強みになる。キャリアチェンジを考えるとき、「やりたいこと」を見つけることと同じくらい、「強み」を見つけることも大事なんです。

誤解5 失敗したら、二度と這い上がれない

笹山　じゃあ、5つ目の誤解をお願いします。これで最後でしたよね。

ジョン　はい。**「失敗したら、二度と這い上がれない」というものです。**これはキャリアに関するもっとも根深い誤解といえます。

笹山　……。

ジョン　どうしました？

笹山　まさに僕が考えていたことなので。30歳になった今、うまく転職しないと取り返しがつかないと思っています。もう新卒のように選び放題の立場ではないので。

これが40歳になったら、もっと選択肢がなくなっているんだろうな、と思って焦ってしまうんです。

ジョン　無理もありません。**かつての私もそうでしたが、日本に暮らす人は失敗を極端に恐れます。**

こと就職に関する話でいえば、新卒がもっとも有利で、年齢を重ねるほどに選択肢が狭まるというのが常識ですからね。こうした傾向はだんだん変わっていくとは思いますが、日本が抱える根深い問題のひとつです。

笹山　最近、転職情報の記事を見ていて、「早く転職しないと、機会損失をしている」って話があったんです。

要は、若いほど転職しやすいから、早く動け、と。でも、「勤務年数が短いと、転職に不利」という話もあって、どっちなんだと。

ジョン　よくある話ですね。これまでの私の経験から言えるのは、未経験で転職をするなら、若い人のほうが有利ということです。

「ポテンシャル」という武器がありますからね。やる気を示せば異業種でも採用してもらえるでしょう。

日本では年功序列の賃金制度がまだ残っているので、企業としても採用しやすいという理由もあります。

笹山　じゃあキャリアチェンジを考えるなら、早いほうがいいのは間違いない……やっぱり、失敗したら取り返しがつかないじゃないですか。

ジョン　私のところには50代の方も多く転職相談にいらっしゃいますが、その年齢では収入がアップするような転職が難しいのは確かです。

たとえば大企業で管理職をしている人が50代で同じ管理職を希望して転職しようとしても、同じ待遇で採用されることはほとんどありません。

本人としては、「名のある大企業の管理職だったのだから、転職も有利に進められるはず」と勘違いしてしまうのです。

笹山　じゃあ、その年まで転職しなかったのは、失敗ですよね。

ジョン　でも、これは決して取り返しがつかない失敗というわけではありません。

笹山　なぜ?

ジョン　**キャリアチェンジに年齢が影響するなら、戦い方を変えればいいんです。**

若い人のようにポテンシャルをアピールするのは難しくても、それまでに培ってきた経験はアピールできますよね。

単に「管理職だったから、次も管理職に」と考えるのではなく、もっと具体的に自分の「やりたいこと」や「強み」という軸をはっきりさせれば、何歳になってもキャリアチェンジは可能ですよ。

誤解が心に浮かんだら「反論」を書く

笹山　なんだか、ジョンさんに何を言っても言い負かされてしまいますね。

ジョン　私は議論しているつもりはありません（笑）。ただ、「そういう考えもある」ということはまず知っておいてください。「５つの誤解」を真実として捉えていたら、その先には進めませんから。

キャリアに関する思い込みは、今後も笹山さんの中で色々と出てくると思います。

笹山さんの行動を止めるような考えが浮かんだときは、あえて反論を書き出してみることが有効です。

笹山　反論ですか？

ジョン　たとえば笹山さんの頭の中に、「大手に勤めているんだから、辞めるのは危険」ということが浮かんだら、まず書き出してみます。

それから、その言葉に対する反論を、何でもいいから書いてみてください。「大手とはいえ先行きはわからない」「会社に依存するほうがリスクが高い」といった具合で。

他にも、「上司に歯向かってはいけない」「未経験の転職は無理」「家族に迷惑をかけるわけにはいかない」といったネガティブな考えが浮かんだら、「こういう考え方ができる」という反論を考えてみてもいいでしょう。

笹山 それは、どういう意味があるんですか？

ジョン **ひとつの考えに対して、色々な捉え方ができるようになる訓練です。**これはキャリアチェンジに欠かせない「行動」の後押しになります。

今回お伝えした5つの誤解は、多くの人が抱きがちな考えで、しかもチャレンジを邪魔する非常に有害なものです。

だから、反論を考えておくことが後から効いてきます。

笹山 僕は、安定した仕事に転職するのを目指していたので、それ以外の選択肢は考えていませんでした。でもこうやって考えていくと、他の選択肢も気になってきますね。

ジョン そうです。

笹山さんの場合、誤解を抱えたまま転職活動を始めると、「安定した大企業に入らなければ

ひとつの考えに対して色々な捉え方をもつ！

■あえて反論することで、違う考えができる

大企業に勤めているから、辞めるのは危険！

大手とはいえ、先行きはわからない

会社に依存するのはリスクが高い

ひとつの考えに凝り固まっていると、自ら選択肢を狭めたり、一歩も前に進めなくなることがあります。そのため、常に反論を考えることで、別の可能性を考えるのです。

もちろん、それはひとつの「可能性」にすぎませんが、選択肢として考えられます。キャリアに関して思い悩んだときには、色々な可能性を考えることが大事なのです。

失敗」という考えから抜け出すことができず、自分の可能性を狭める結果になっていたでしょう。

笹山　でも、やっぱり不安定な仕事を選んでしまって失敗するのは怖いな……。

ジョン　気持ちは分かります。でも、本当に取り返しがつかない失敗なんて、そうそうあるものではありません。私だって、これまでにたくさん失敗してきました。

そんな私の経験から言えるのは、新しいことを始めると失敗はつきものですが、失敗すること自体に意味があるということです。

笹山　意味、ですか。でも、転職で何度も失敗するわけにはいきませんよ。

ジョン　だからこそ、キャリアチェンジをする前に考えるべきこと、トライすべきことがあるんです。ポイントをきちんと押さえて、失敗に慣れておけば、本当に大切なときに失敗するのを避けられます。

笹山　なんだか、ちょっと頭がすっきりした気がします。最近は転職の心配ばかりしていたので。

ジョン　それは大変でしたね。大切なのは、焦らないことです。

笹山　わかりました。

ジョン　ただ、反対のことを言っているように聞こえるかもしれませんが、ひとつだけ言っておきたいことがあります。

笹山　なんですか？

ジョン　「過ぎ去った時間は、絶対に取り返しがつかない」ということです。**やりたいことが見つからず、現状に我慢している間にも、人生の時間は刻々と減っています。この時間は残念ながら戻ってきません。**

笹山　そんなことを言われたら急に焦るんですけど！

ジョン　慌てることはありません。私が勧めているのは、きちんと手順を踏んでキャリアチェンジのプランを立てるということ。闇雲に動いていたら、かえって無駄な時間が増えてしまいますから。

限りある人生なので、できれば早い段階で基本的な考えは身につけておいたほうがいいということです。

今の仕事を続けるにせよ、他の道を選ぶにせよ、「本当にやりたいこと」と「強み」を知ることは意味があります。

笹山　では、その方法を教えていただけますか？

ジョン　もちろんです。ただ、今日はもういい時間になってしまいました。また日を改めてお話ししましょう。

笹山　本当だ。もう終電が近いです。

ジョン　最後に、いいですか？

笹山　なんでしょう？

ジョン　**変化の激しいこれからの時代、キャリアを豊かにする方法は、「本当の自分を呼び覚ます」ことに尽きます。**そのことは、忘れないでください。

次にお会いするときは、笹山さんの「やりたいこと」を見つけるお手伝いをしたいと思います。その日までに、「僕にはやりたいことなんてない」という思い込みは捨てておいてくださいね。

５つの誤解を抱えたままだと失敗ばかりのキャリアになる！

■５つの誤解で仕事の選択肢が狭まる

転職や起業を考えたときに、５つの誤解があると、一歩も先に動けなくなります。○○したら成功と決めつけず、さまざまな可能性を探るためにも、自分の仕事だけでなく、自分自身を見つめ直すことが大事です。

STEP 2

「情熱」に火をつける

いきなり「やりたい職業」を探さない

ジョン　どうですか、今日ここに来るまでに、何か自分がやりたいことは思い浮かびましたか？

笹山　いえ……。考えてみましたが、思い浮かびません。やっぱり難しいですね。

ジョン　大丈夫、それが普通です。少しずつ考えていきましょうか。まず、笹山さんにとって、「やりたいこと」ってどういうイメージですか。

笹山　「野球選手になりたい」とか「社長になりたい」とか。サラリーマンで考えれば、「エンジニアとしてIT企業に入りたい」とか「会計士になって大手監査法人で働きたい」とか、そういうことですよね？

ジョン　間違いではありませんが、私が思う「やりたいこと」とはちょっと違います。**笹山さんは、やりたいことを「職業」から考えていますよね。**エンジニア、会計士、営業職、マーケティングといった。

笹山　だってキャリアチェンジを考えているわけですから。

ジョン　もちろん、いずれは具体的な職業に落とし込むこともありますが、笹山さんの場合、まだ早いです。**職業や会社名などの具体的なことをきめる前に、もっと抽象的なところから考え始めたほうがいい。**

笹山　抽象的に、ですか。

ジョン　「エネルギーのある若い人が多いところで働きたい」「静かで自然豊かな場所で仕事をしたい」「海外を拠点にして働きたい」「ひとりで作業に没頭したい」といった感じです。

どれも、まだ具体的なキャリアには結びつかないと思いますが、それで構いません。とにかく、笹山さんにとってどういう状況が理想的なのかを考えてみてください。

笹山　じゃあ、「お金の心配をせずに暮らしたい」はどうですか？　そう思うのは間違っていますか？

ジョン　もちろん、OKです。笹山さんのやりたいことについて、私が「これが正しい」「これが間違い」と言うことはできませんよ。

答えは、笹山さん自身にあるんです。自分の気持ちに気づき、そこに嘘がないかを判断できるのは、笹山さんだけですから。

笹山　そう言われても、余計難しいです。「あなたはこの道に進むべき」と言ってもらいたい気もします。

ジョン　残念ながら預言者ではないので（笑）。
でも、私は私自身がどの道に進むべきなのかは理解していますよ。そのやり方を笹山さんが理解してくれれば、必ず笹山さんは自分の力で進むべき道を見つけることができます。これは特別なことではなく、誰でもできることです。

わくわくセンサーを作動させる

笹山　では、どうすれば僕がやりたいことを見つけられますか？
ジョン　**「わくわくセンサー」を動かすんです。**
笹山　わくわくセンサー？　なんですか、それ。
ジョン　私が考えた言葉ですが、要は「自分の気持ちがわくわくすること」に敏感になることです。私は、キャリアチェンジを考える人に、まずはわくわくセンサーを動かすことを勧めています。
笹山　それは、たとえば「商品企画の仕事はわくわくする」とか、「人と話す仕事はわくわくする」とか。そういうことですか？
ジョン　模範的な答えですね（笑）。笹山さんは仕事にいきなり結びつけようとしていますが、

やりたいことを職業や会社名から考えると失敗する！

■やりがちな考え方

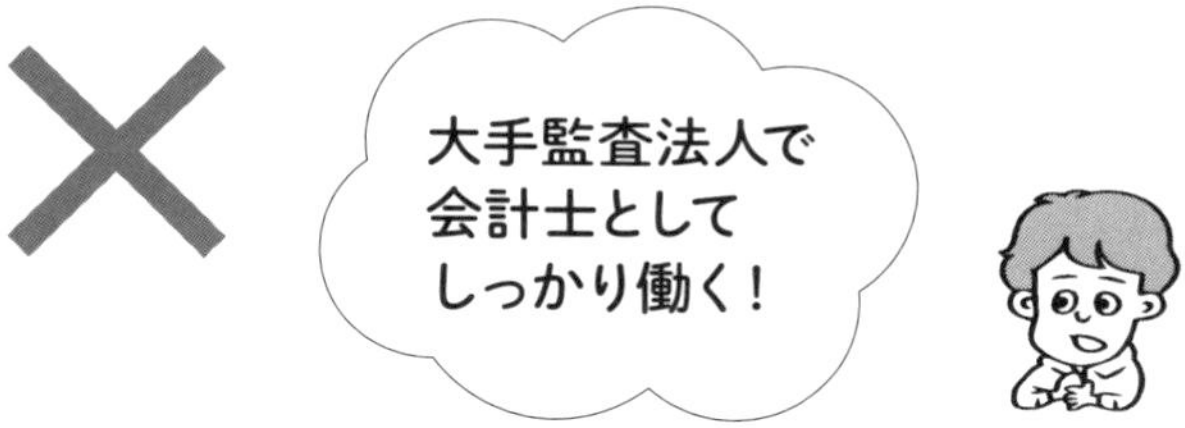
大手監査法人で
会計士として
しっかり働く！

■やりたいことは抽象的に考えるのが正解

ひとりで
作業に没頭
したい！

やりたいことが浮かんできても、すぐに職業や会社に結びつけるのは、キャリアチェンジにおいて失敗の原因になります。

まずは、やりたいことをキャリアに関係なく考えていきましょう。

もっと気楽に考えてください。

「ロック・ミュージックを聞いているとわくわくする」とか、「海外旅行で知らない街を歩いているとわくわくする」とか、なんでもいいです。

自分の心が高まる感覚があれば、その気持ちを無視せずにとらえるのです。

笹山　何かコツはあるんですか？

ジョン　「自分がわくわくすることを見つけよう」と意識することです。

笹山　それだけ？　ちょっと単純すぎるような。

ジョン　**突然ですが、笹山さんは今日ここに来るまでの間に、「赤いもの」を見ましたか？**

笹山　え？　急にどうしたんですか？

ジョン　とにかく思い出してください。

笹山　赤……。信号は見ましたね。あとは車のライト。他にもあったかな。いきなり聞かれても、ちょっと分かりません。

ジョン　すぐに出てこないのは、「赤いもの」を意識せずにいたからです。もし笹山さんが「今日は赤いものを見つけよう」と思って町を歩いていたら、おそらく100以上は赤いものを目にしていたはず。

笹山　じゃあ、わくわくすることも意識すれば見つかる、と。
ジョン　そう。**普段の生活や仕事のなかで、わくわくした出来事があれば、忘れないように記録してください。**スマホのメモアプリを使ってもいいですし、手帳などに書き残しておくだけでもいいです。
笹山　それは、後から見返すために？
ジョン　はい。わくわくすることを記録して見返すと、何かしらの共通点が見つかるはずです。**そうすると、「こういうものも好きかも」というアイデアが浮かんできますよ。**
笹山　具体的に、どんなふうに記録すればいいんですか？
ジョン　やり方は自由です。メモの方法ひとつとっても人によって好みがあるので、笹山さんが一番続けられそうな方法を選んでください。日記のようにしっかりと書くのもよし、ひと言だけ書き残すもよし。
笹山　じゃあスマホのメモを使おうかな。ジョンさんなら、どんなときにメモをしますか？
ジョン　まずは買い物をするときですね。書店に行って、なぜか気になる本があったら、タイトルをメモしておく。デパートで欲しいものがあったら、どういうところが気になったのかをメモする。
　スマホを使うなら、写真を撮っておいてもいいですね。

笹山　なるほど。買い物に行くと色々と欲しいものが出てくるんですけど、お金がいくらあっても足りないから見ないようにしていました。

ジョン　メモをしたり写真を撮ったりするのはタダですから、他人の迷惑にならない限りはどんどんやってください。

最初は面倒かもしれませんが、だんだんと楽しくなってきますよ！　コンビニでも職場でも、旅行先でも、どんな場所でもワクワクすることを見つけたら、メモを忘れずに。

お金や時間がいくらでもあったら、どうする？

笹山　わくわくを探すのは楽しそうなんですが、やりたいことが思い浮かんだとしても、「今からじゃ無理だな」「お金があればやりたいけど」みたいな気持ちがどうしても湧いてきます。

ジョン　**じゃあ、笹山さんはお金や時間の制約がなければ、何をしたいですか？**

笹山　そんなこと、考えられませんよ。現に目の前の生活があるし、時間だって限りがある。うちはお小遣い制なので、毎月自由に使えるのは3万円くらいですから……。

ジョン　まあまあ。いったんはそういう制約条件は外して考えてみてください。

笹山　そうだなあ……。

わくわくした出来事をメモしよう！

■出来事、モノ、場所、なんでも OK

わくわくした出来事	
6/1	『私の適職教えてください！』という本が気になった。
6/2	カップラメーメンの新しい味が出ていたので買ってみた。

日記のように書いてもいいですし、形式は自由です。1日ひとつ以上記してもいいです。「なぜ、わくわくしたのか？」など理由を考えずに、毎日なるべく記していくことが大事です。そうして改めて見直していくと、自分が興味や関心をもつものに、共通点が見えてきます。それが、やりたいことのヒントになります。

世界を旅してみたい気持ちはあります。あとはゲーム開発を学べるスクールに行ってみたいです。絵を見るのも好きだから、自分でも習ってみたいですね。海外の美術学校に留学するのも楽しそう。

ジョン　いいですね、その調子です！

笹山　ジョンさんが言うとおり、考えるだけならタダですからね（笑）。ジョンさんはどうなんです？

ジョン　そうですね。私の今の答えは、「宇宙に行く」「自然豊かな環境で仕事をする」「億万長者になる」「宇宙の始まりを調べる」「歴史に名を残す」といった感じです。考えるとどんどん出てきます。

笹山　意外に貪欲ですね！

ジョン　笹山さんも、もっと貪欲になってください。ただ、私がこの質問をした方の多くも、やはり控えめだったので、私が少し欲張りなのかもしれません（笑）。

笹山　普通の人からは、どんな答えが出てくるんですか？

ジョン　たとえば、「家族やパートナーと幸せに過ごす」「一軒家をもつ」「好きなだけ本を読む」「お金の心配をせずに暮らす」「好きな場所に住んで仕事をする」といった感じです。

笹山　ああ、それは全部僕も当てはまります。とにかく不安なく生活したいんですよね。日本人の気質なんでしょうか。

ジョン　でも、転職相談にのっていると、年収には並々ならぬこだわりを見せる人が多いです。お金がかかわると人は貪欲になるのかもしれません。

笹山　やっぱりお金は分かりやすいですからね。

ジョン　言ってみればお金はただの数字に過ぎません。**やりたいことがあって、そのために必要なお金がほしいというのはいいのですが、闇雲にお金を求めていると、かえって行動を制約してしまいます。**

笹山　だから、「お金がいくらでもあったら」という条件をつけて考えるんですね。

ジョン　はい。私がカウンセリングをした方で、お金へのこだわりが強い方がいらっしゃいました。

でも、お金のことは抜きにしてやりたいことを書き出してもらったところ、「自分が心から信頼できる人と出会いたい」というのが最大の望みだったんです。

篠山　それは意外な答えですね。書き出してみるのがコツですか？

ジョン　5分や10分でも構いませんので、「お金や時間などの制限がまったくなかったとしたら、何を実現したいか」ということを考えてみてください。付箋でもメモでもいいので、手を止めず、思いつく限り書いてみるのです。

笹山　分かりました。意外な答えが出てくると面白いですね。

ジョン　書き出したメモを見てみると、自分が本当に望んでいることや欲しいものは、意外と身近にあることに気づかされると思います。

お金や時間というのは、やりたいことから目を背ける原因になりがちです。 いいアイデアが浮かんでも、「お金がないから」「時間がないから」と思っていたら、本当のやりたいことを捕まえることができない。

だから、そういう条件は取っ払って考えてみて、その希望が実はそう遠いものではないことを感じてみてください。

場所から考えてみる

笹山　やっぱり、わくわくセンサーを働かせるには、外に出かけたほうがいいんですか？　自分探しの旅みたいな。

ジョン　あまり大げさに構える必要はありませんが、可能であれば外に出るのもいいと思います。今はインターネットで色々な情報を得ることができるので、自宅でわくわくを見つけるこ

お金や時間があったら
なにをしたいか、メモしよう！

■体験、モノ、場所、なんでも OK

お金や時間を気にせず、なにをする？	
1	旅行に出かけて、絵を描く。完成するまで旅先に滞在！
2	家を２軒もち、自宅とアトリエにする！

荒唐無稽でかまいません。大事なことは、本来生活するうえで制約となっているお金や時間が自由にできたら、なにをしたいかを考えることです。とにかく思いつく限り、書き出してください。書き出したものに共通点や、本当に自分が望んでいるものがあるかもしれません。

とも不可能ではありませんが、その場所に足を運び、五感を働かせることで見えることもありますから。

笹山　やっぱり、そうなんですね。

ジョン　**今、働き方を考えるうえで大事になっているのが「場所」です。**

自分がわくわくするような場所を見つければ、それがキャリアをひらくカギになることがあります。

笹山　場所ですか。今は都内に住んでいるので、仕事をするには問題ないと思っています。

ジョン　テクノロジーが進化しているので、日本中、さらには海外でも仕事をして十分な収入を得ることができる時代が来ています。笹山さんも、いったん、「東京にいなくてはいけない」という固定観念を外してみてもいいかもしれません。

笹山　独身の頃なら、それもありだと思うんですけどね。

ジョン　たしかに、家族が増えると動きにくくなるでしょう。でも、理想とする場所に身を置くことで、自分だけでなく周りの人も幸せになるということもありますよ。旦那さんと別居して、鎌倉に単身移住した方のことをお話ししましょうか。

笹山　鎌倉、ですか。聞きたいです。

ジョン ここではNさんとしましょう。Nさんは、下町に育ったこともあり、10代の頃には「いつかはかっこいい鎌倉に住みたい！」と思っていたそうです。

ただ、なかなか鎌倉に住む機会は訪れず、東京に住みながら劇団員や水商売、介護、人事の仕事を経て、営業の仕事をするようになりました。

笹山 色々な仕事をされたんですね。

ジョン 営業の仕事にたどり着いたのは偶然によるものですが、Nさんにはとても合っていました。持ち前のコミュニケーション能力を活かして大きな実績をあげられたのです。でも、順調に見えるNさんでしたが、身体が悲鳴をあげていました。

笹山 体調を崩されたんですか？

ジョン なにか病気をしたわけではないのですが、仕事に専念するあまり、寝不足が重なり、体重が激増しました。肌荒れとともにアレルギーも発生し、「このままでは仕事を続けられない」と将来の不安を抱えていたそうです。

そのとき、Nさんは「働き方を変えたい」と知人に相談をします。「広い家に住みたい」「お金に困らない生活をしたい」といった正直な思いも打ち明けたところ、「やりたいことをやったほうがいいよ」とアドバイスをもらったそうです。

笹山 やりたいこと。

ジョン　その言葉にハッとしたNさんは、今までのような受け身ではなく、もっと自分のやりたいようにやってみようと考えました。

その手始めに決断したのが、ずっと憧れてきた鎌倉への移住です。

鎌倉という土地はNさんにとって、もっともわくわくする場所で、まずはそこに身を置くことにしたというわけです。

笹山　でも、仕事はどうなったんですか？　家族も。

ジョン　Nさんも心配していましたが、結果的に仕事上はまったく問題ありませんでした。インターネットのツールが増えてリモートワークが一般的になったこともあり、鎌倉に住みながら、これまでのように仕事を続けられています。

そして、旦那さんは別の地方で仕事を持っているので今も別居をしていますが、鎌倉にはよく遊びに来ていて、そういう家族のあり方を互いに納得し、喜んでいると聞いています。

笹山　住む場所を変えても何とかなるものですね。

ジョン　それから間もなく、Nさんの体調もみるみる改善しました。通勤などを我慢していた状況から脱してストレスが減ったこともあり、鎌倉に引っ越して半年で10キロのダイエットに成功したそうです。

どんな場所だったら働きたいか、気になっている場所などをメモ！

■働きたい場所、気になる場所についてメモしてみよう

働きたい場所　気になる場所	
1	デザイナーズマンションの一室を事務所にしたい。
2	海がきれいに見えた千葉県の千倉に住みたい。

働く環境、住む環境は人生の大半を過ごす場所なので、とても重要です。場所を中心に考え、場所を変えることで、今の仕事でも満足ができたり、自分が本当にやりたいことを見出ることがあります。あなたの理想の場所をなんの制限なく、記してみてください。

笹山　へえ。働く場所を変えるだけで、そんなに。

ジョン　人は、自分が思っている以上に周囲の環境から影響されます。どうしても仕事にやる気がでない、わくわくした気持ちになれない、というときは、場所を変えてみるといいかもしれません。

わくわくをメモするのと合わせて、場所に着目したメモを作るのもいいと思います。気になる場所があったら、その場所にまつわる情報や写真を集めて見えるようにしておくと、ますますイメージがつくはずです。

笹山　好きな場所で働くって、僕も憧れます。でも自分にできる気がしないんですよね。Nさんはラッキーだったと思いますけど。

ジョン　Nさんも、鎌倉に移住をする前は、どこか自信がなく「やりたいことなんてない」「私には無理」というのが口癖だったんです。

でも、今は自分の好きな場所で仕事をして稼げるという自信がつき、エネルギーに満ちています。行動するまではできそうにないことも、案外やってみれば何とかなるものです。

笹山　まだ勇気が出ませんが、たしかに自分もそんなことができると考えると、ちょっとわくわくしてきますね。

ジョン　その気持ちを忘れないでください。

過去を振り返って、感情を呼び覚ます

笹山 普段の生活からわくわくを見つける、働く場所を考える、あとは何かポイントはありますか?

ジョン これは少し時間をかける必要がありますが、子どもの頃から今までのことを振り返ってみるのもお勧めです。笹山さんはたしか30歳でしたよね? 子どもの頃の記憶はありますか?

笹山 たまに昔の思い出すことがあっても、忙しくて忘れてしまいます。

ジョン **それならば、過去を振り返ってみて、気がついたことは日記のように文章にすることをお勧めします。**何歳頃にどういう経験をして、どんな感情が起きたか。思いつく限り、記録してください。

言葉にする過程で考えが整理されますし、後から振り返りやすくなります。**いったん過去の思い出を書き出して、それからしばらく経ってからわくわくが見つかることもありますから。**

まずはひとりの時間を作って、やってみるといいと思います。

笹山　ジョンさんは、過去を振り返って、何か気づいたことがあったんですか？

ジョン　私は、遠足の前日にわくわくして眠れなかったことを覚えています。学校でも、友達と遊ぶことばかりを考えて妄想するのが楽しかったですね。

笹山　へえー。意外とヤンチャなタイプだったんですね。

ジョン　はい（笑）。あとは、なぜか宇宙に興味があり、親から望遠鏡を買ってもらったときの喜びは今でも覚えています。

　未知の世界を追いかけることが好きだったんですよね。思い出そうとすると、当時のわくわくする気持ちがよみがえります。笹山さんは、どんな子ども時代だったんですか？

笹山　僕はジョンさんと違って、リーダータイプの友達についていく感じでした。放課後はうちにみんなで集まってよくゲームをしていましたね。あの頃は楽しかったな。

ジョン　そういう記憶の中に、笹山さんのやりたいことの種があるはずです。**子ども時代だけでなく、大人になってからの記憶の中にもヒントがあると思いますよ。**

笹山　そういえばジョンさんは、ずっとキャリアカウンセリングの仕事をしているんですか？いつからキャリアカウンセリングをしたいと思ったのか、気になって。

ジョン　実は、私はもともと銀行員だったんです。大学で数学を研究し、その流れで、今で言うメガバンクに入りました。

笹山　え、キャリアカウンセリングとぜんぜん違う仕事だったんですね。意外です。どうして銀行を辞めたんですか？

ジョン　**気づいてしまったからです。私がやりたいことは、銀行の仕事ではない、と。**当時の私は、笹山さんのようなモヤモヤした気持ちを抱えていました。銀行に残るという道もありましたが、もっと別の道があるのではないか、と考えていました。

笹山　何かきっかけがあったんですか？

ジョン　最初のきっかけは、ＭＢＡを取得するためにアメリカに留学したときでした。銀行から派遣されて留学した私は、最初はもちろん転職するなどとは考えてもいません。むしろ、銀行員として出世して、役員を目指そうと思っていたんです。

笹山　まさにエリートコースっていう感じですね。

ジョン　留学先の大学には、私の他にも、企業から派遣されているエリートが世界中から集まっていました。そうして留学中のあるとき、「やりたいこと」を学生同士で発表しあう機会があり、私は「銀行で偉くなりたい」と言ったのですが、予想外に周りの留学生たちから叱られました。

笹山　叱られた？　どうして？

ジョン　「お前は会社に魂を売っているのか?」「自分自身がどうしたいのかを話せ」と言われたんです。

そして、私と違って、彼ら彼女らは、自分自身がどんな人生を歩み、どんな仕事をしたいのかを情熱的に話していました。

笹山　それはギャップを感じますね。

ジョン　はい。そこで初めて考えたんです。

「自分は何をやりたいのか」ということを。会社がどうとか、出世コースがどうとか、そういうことは抜きにして。社会に敷かれたレールではなく、本当に自分がやりたい仕事に至る道を探し始めました。

ヒントは、自然と手にする本にある

笹山　それから、キャリア支援をやりたいと思ったんですか?

ジョン　そこまですぐに思い至ったわけではありません。留学中に感じた日本の組織や教育の課題など、いくつかヒントになることはありました。それがはっきりとしてきたのは、日本に戻ってからのことです。

笹山　また何かきっかけが。

ジョン　特別なことがあったわけではありません。単に、普段の行動がヒントになっただけです。当時、銀行の業務に関係ある専門書を探しに本屋によく行っていたのですが、買ってくる本は仕事とは関係のないものばかりだったんです。

未来の社会を論じた本や、新しい組織の在り方、人間の可能性を高める方法。そのような本を読んでいると、なぜかとてもわくわくしたことを覚えています。

笹山　それって、今の仕事と関係していますよね。

ジョン　はい。最初はそこまで自覚していませんでしたが、徐々に自分がわくわくするポイントが、金融ではなくキャリアや教育にあることに気づきました。

自分も気づかないような感情でも、行動には現れていたりします。本屋で自然と足を止めるジャンルがあったり、なぜか気になってしまうニュースがあったりしたら、これもいいヒントです。記録しておいて、後から振り返るといいと思います。

笹山　過去を振り返れと言われても、ちょっと漠然すぎる気がします。何かコツはありますか？

ジョン　**最初は「成功体験」を思い出すのがお勧めです。**何かにチャレンジして成功したことがあれば、この機会に思い出してみてください。
今、何か思い浮かぶことはありますか？

笹山　成功体験ですか。そうですね……。そういえば僕は小学生の頃、足が速かったんです。だから、先生に運動会のリレーの練習でリーダーを任されて。あのときは放課後になるとみんなを集めてバトンの受け渡しの練習をしたり、走るときの姿勢をチェックしたり、先生から「もう帰りなさい」と言われるまで、学校に残っていました。

ジョン　それは素晴らしい。本番はどうなったんです？

笹山　実は、練習をしたおかげで、リレーがスタートしてからずっと僕のクラスは1位だったんです。でも、肝心の僕がアンカーで転んでしまって。2位に終わってしまいました。
……って、これじゃ成功体験ではないですよね。
でも、あのときはクラスの友達が泣きながら励ましてくれて、先生にも褒められたから、いい思い出になっているんです。

ジョン　それでいいんです！　その経験は間違いなく笹山さんの成功体験ですよ。結果がうまくいったときだけでなく、チャレンジをして、それをやりきった経験もやはり成功体験ですから。

笹山　そうなのかな。

書店で気になった本をメモしてみる！

■気になった本があなたのやりたいことを示している？

	気になった本
1	人間の筋肉を詳細な絵で解説してある筋肉図鑑
2	有名作家が初めてチャレンジした恋愛小説

自分でも気づかないような感情は、実は自然と行動に現れていることがあります。たとえば書店に行ったときに、自然と気になって手に取るような本が、それです。

必要に迫られて手にする本ではなく、無意識に興味をもった本のリストをつくると、やりたいことのヒントが出てくるかもしれません。

ジョン　今の話をしている笹山さんはとてもいい表情をしていましたよ。**キャリアチェンジについて相談をする方は、どうしても暗くなりがちです。でも成功体験を振り返ると、表情に生気が蘇ります。**

転職などのキャリアチェンジに取り組むと、自信を失いそうになるものです。

そんなときは、成功体験を思い出すことで、自分を奮い立たせることができます。わくわくを見つけるためにも、まずは成功体験から振り返ってみてください。

自分の行動を妨げる「トラウマ」と向き合う

ジョン　そういえば、過去を振り返ると、嫌な思い出がよみがえることがあるかもしれません。**できれば、そうしたネガティブなことも記録しておいてください。どんなことがあって、なぜ嫌だったのかを。**

笹山　トラウマみたいなことですよね。それは乗り気がしないです。悪いことを思い出したら、何か意味があるんですか？

ジョン　気持ちはわかります。**でも、トラウマは無意識に行動に影響することがあります。**子どもの頃に嫌な思いをしたことが、大人になってから行動の邪魔をすることがあるんです。

過去を振り返って
メモしてみる！

■過去（特に成功体験）を振り返ってメモしてみよう

過去の振り返り	
1	小学生のとき、リレー選手のキャプテンになり、みんなと毎日練習した。結果は２位だったけど、みんなと頑張れた。

過去を振り返るときには、成功体験や楽しかった思い出などから振り返ると、やりやすいです。

自分の特徴が見えてくるとともに、成功体験や楽しい思い出がキャリアチェンジに煮詰まったときにチカラを与えてくれます。

笹山　ジョンさんにも、そういうトラウマがあるんですか？

ジョン　はい。子どもの頃、私は人のことを見ると、なんとなくその人の心の声が聞こえるような感覚がありました。聞こえてくるのは、その人たちの行動とは矛盾する心の声です。だから、つい私は周りの大人たちや友達に、「本当はこう考えているんでしょ？」と言ってしまうところがありました。

すると、ほぼ確実に嫌がられたんです。私としては、好意でそういうことを言っていたのですが、周りの大人たちからは「うるさい」「そんなことを言ってはダメだ」と叱られましたね。だから幼かった私は、「自分が悪いんだ」「もう心の声を聞きたくない」と思うようになり、やがて、声は聞こえなくなりました。あのときに感じた疎外感は、今でも覚えています。

笹山　それは辛かったでしょうね……。

ジョン　その経験は大人になってからも尾を引いていました。でも、目をそらすのではなく、トラウマの存在を認めると、その影響を抑えることができたんです。

トラウマは目をそらしているうちに大きくなる性質があるようですね。冷静に考えれば大したことがなくても、過去のちょっとした失敗が原因でキャリアチェンジに踏み出せないというケースはとても多いのです。

笹山　ジョンさんみたいに自信があればトラウマを乗り越えられるでしょうけど。普通の人でも、過去のトラウマを思い出すべきなんですかね。

ジョン では、大手メーカーに勤務している方のお話をしましょう。仮にHさんとします。Hさんは30代で結婚し、子育てと仕事を両立されていました。

持ち前の論理力と行動力を武器に、キャリアウーマンとして仕事に取り組んでいたのですが、あるときから職場の人たちとの関係が悪くなったそうです。

笹山 なにかあったんですか？

ジョン Hさんの職場は、年配の男性が多いこともあり、古い商習慣が残っていたそうです。そこでHさんが「こうあるべき」と強硬に主張したことで、関係者の不評を買ってしまいました。

笹山 うーん。うちの会社もそういうところあるから、Hさんの気持ちも分かります。どう考えても不合理なのに、「これがうちのルールだから」で済まされてしまうんですよね。

ジョン ただ、残念ながら正論を述べるだけでは物事は解決しません。言い方を変えればうまくいったのかもしれませんが、Hさんはそういったコミュニケーションが苦手だったのです。いつしかHさんは職場で四面楚歌の状態になっていました。

笹山 サラリーマンの僕には身につまされる話です。

ジョン　そのことに思い悩んだHさんは転職を考え私に相談されたのですが、私からはまずは職場の人間関係を良くすることを勧めました。あのままでは、転職しても同じ問題を繰り返してしまうと思ったからです。

笹山　それが、Hさんのトラウマですか？

ジョン　いいえ。トラウマはさらに過去に遡ります。私はHさんと対話を重ね、本当にやりたいことを探ろうとしていましたが、ある日、Hさんが突然泣きそうな表情になり、「本当はもっと早く言うべきだったのですが」と話し始めました。そして告白してくれたのが、幼少期の体験です。

笹山　幼少期。気になります。

ジョン　Hさんにはお姉さんがいるのですが、その方は明るい人柄で、どんな人からも好かれる性格だったそうです。いつもグループの中心にいる存在ですね。

笹山　クラスのなかにひとりはいますね。僕とは違うタイプだ。

ジョン　一方のHさんは、どちらかというと性格は暗めで、だけど口は立つものだから、「ひねくれもの」と受け取られることが多かったといいます。ですから、子どものときは友達のグループの輪からはずれる傾向が強かったそうです。

笹山　それはなんだか可哀想ですね……。

トラウマを振り返って
メモしてみる！

■トラウマとなった体験を振り返ってメモしてみよう

トラウマの振り返り	
1	優等生だったので、周りからなんでも出来ると期待された。でも、それが重荷になり、中学・高校では目立たないよう消極的に過ごし、いつしかそれが居心地のいいものになってしまった。

　トラウマを振り返ることは、気持ちがしんどくなるものだと思います。しかし、そのトラウマが自分の本当にやりたいことを妨げている可能性があります。過去と向き合い、現在でチャレンジすることでトラウマは解消できます。まずは自分のトラウマとなっている過去を振り返ってみましょう。

ジョン　Hさんは負けず嫌いな性格でもありました。だから、お姉さんに勝つために、人から認めてもらうために、人一倍努力をして、受験やキャリアの選択をしたそうです。

本当はみんなの輪に入って、一緒に楽しみたいという欲求があったのですが、そうした感情に蓋をして。

結果、難関大学に合格し、その後は子育てと仕事を両立するキャリアウーマンになったものの、人と協力関係を築いて一緒になって取り組むことは苦手なままでした。

笹山　努力をしても、人間関係の問題は変えられなかったんですね。

ジョン　はい。でも、それはもう過去の話です。Hさんは過去と向き合い、勇気を出して私に話したことで、自分の心の奥底にずっと溜め込んできたトラウマから解放されました。その瞬間、Hさんが底抜けにさわやかな笑顔だったことは、今も忘れられません。

笹山　じゃあ、会社の問題も解決したんですか？

ジョン　はい。その後、Hさんは自分のやりたいことを掴み、今は会社で周りの人と良い関係を築きながら、前に進んでいます。

自分に嘘をつかない練習

笹山 それにしても、自分のわくわくを見つけたり、トラウマに向き合ったり、僕が考えていたキャリアチェンジのコツとは全然違います。

「いかに自分の市場価値を高めていい条件の会社に入るか」みたいな話になると思っていました。

ジョン そういう話も、必要な要素ではあります。

でも、「自分に嘘をつくこと」が癖になっている人は、いかに戦略的にキャリアチェンジをしても、本当の幸せは手に入らないと私は考えています。

笹山 自分に嘘、とは？

ジョン 私たちは、学校でも会社でも、「周りに合わせないと行きていけない」と無意識にまで刷り込まれていいます。本当の自分は隠しておくべきものと思い、周りと違う意見があっても、しまいこんでしまう。

笹山 たしかに。会社にいて本音で話すことって、あまりないかもしれません。

ジョン　意識下であれ無意識であれ、自分に嘘をついている人は少なくありません。たとえば自分がわくわくすることを見つけたとき、「そんなことができるはずがない」と気持ちに蓋をしてしまう。

笹山　そういえば、どうして自分の気持ちに蓋をしてしまうのでしょう。

ジョン　日本ではとくに、子どもの頃から親や先生の言うことに従うことが美徳とされています。**空気を読んで周りに合わせること、世間の常識に反することはいけないことなどを、誰しも教わってきましたよね。**

笹山　たしかに。社会に出てからも、人の目線が気になります。僕なんて、なまじ大手に就職したから、転職を考えると、「辞めたら不祥事を起こしたと思われないかな」「変な人と思われて転職できないかも」なんてことが頭に浮かびます。

ジョン　空気を読むこと自体は、完全に悪いことではありません。人を思いやり、協調性をもつのは、チームワークにとって不可欠です。

でも、空気を読もうとするあまり、自分に嘘をつくのはよくありません。何事もバランスが大事。

笹山　自分に嘘をついてしまうと、具体的には何が問題なんですか？

ジョン　転職に紐付けてお話すると、「就職を志望する会社」と、「本当に自分がやりたいことができる会社」が、まったく違うということがときに起きます。

自分に嘘をついていると、本当はやりたいことが別にあっても、「世の中に知られている一流企業で働きたい」「社会から注目されている企業で働きたい」といったように、他人の目を気にして転職先を選ぶようなことになるでしょう。

笹山　図星です。

ジョン　これは採用する企業にとっても問題です。

「世の中の役に立ちたいから」「自分が成長できそうな会社だから」といったきれいな言葉が採用面接の場では聞かれますが、多くの場合、本心から出たものではありません。面接官に良い印象を与えようとして、結果として嘘をついてしまう。

笹山　それはなんだか分かりますね。面接って、どこか本心を話したらいけないような気がしていて。

就職や転職のノウハウ本や記事を見ても、そういうアドバイスがありますし。

ジョン　**キャリアチェンジの目的は、「転職すること」ではありません。**今よりももっと幸せになるためにキャリアチェンジをするわけですから、まずは「本当にやりたい仕事」が何なのかを見極めることを優先すべきです。

それから、本当にやりたい仕事ができる方法を考えます。

笹山　だからこそ、わくわくセンサーを磨いて、自分の正直な気持ちに気づく必要があるんですね。

ジョン　そうです。

私がキャリアカウセリングを行うときも、「自分の本当にやりたいことがわからない」という方は非常に多いです。

でも、実は感情に蓋をしているに過ぎません。その蓋を外してあげれば、やりたいことを見つけることができ、キャリアの方向性も定まっていきます。

笹山　わかりました。

ジョン　習慣になっている考え方や行動を変えるのは簡単なことではありませんが、自分の心で感じたことに耳を傾けることをまずは意識してください。それは誰にでも、今すぐにでも、できることですから。

AIに奪われない仕事

笹山　今日はありがとうございました。まずは自分のわくわくを探してみたいと思います。

ジョン　はい。次にお会いするまでに思い浮かんだことがあれば、聞かせてください。

笹山 でも、相変わらず怖い気持ちもありますね。**自分が好きなことが見つかったとして、仕事にできなかったらどうしよう、食べていけなかったらどうしようって。**

ジョン 大丈夫。真実は真逆ですよ。前にも、自分が好きなことだからこそ、お金を稼げると話しましたよね。ちなみに笹山さんは、仕事そのものについて、これからどうなっていくと思いますか？

笹山 仕事そのもの。何となく気になっているのは、テクノロジーが進歩して、AIに人間の仕事が奪われるという話です。

転職するなら、AIに代替されそうな職種は避けたいです。

ジョン たしかに、テクノロジーの進歩は著しいですよね。仕事にも当然影響を与えるでしょう。加速度的に発展しているAIは、これまでは当然のように「人間でなければできない」とされていた複雑な問題さえも対処できるようになっています。

イギリスのオックスフォード大学で発表された、近い将来に現在ある仕事の90％は機械に置き換えられるといった研究が話題を集めましたし、同様の見解は他でも出てきています。

笹山 そう言われると、すごく心配です。

でも、まだ先の話ですよね？

ジョン　すでに、文字や画像から情報を認識したり、膨大な情報を蓄積したりして、物事を判断するＡＩはビジネスで活用されていますよ。
たとえば経理業務について、銀行などのデータと連携させて自動処理して問題があれば知らせてくれるようなシステムも開発されています。
となると、これまでのように手作業で行われていた経理業務の仕事は、徐々になくなっていくということです。

笹山　じゃあ、僕みたいにこれから何十年も働かなくてはいけない人は、どうすればいいんですか？

ジョン　安心してください。技術が進歩し、今の人間の仕事が代替されるとしても、人間にしかできない仕事は残り続けるはずです。
病気を正確に発見できる画像認識技術があっても、患者さんを安心させるお医者さんの存在は必要でしょう。
経理業務がＡＩに代替されるとして、会社のお金の流れについて、会社の方針を汲み取りつつ「こうすべき」と判断できる人材は活躍できます。

笹山　なんだか、人間の仕事がすごく高度になっていく気がします。

ジョン　それは間違いないと思います。

テクノロジーに代替される仕事の報酬が下がる一方で、人間にしかできない仕事の報酬は上がると考えられます。

笹山　やっぱり……。

ジョン　でも心配することはありません。

笹山さんが自分のわくわくに気が付き、さらに自分にしかない強みを理解すれば、必ず価値ある仕事に結びつきます。

「自分の気持ちこそが正しい」「誰かの役に立てる強みが自分にはある」と自信をもってください。強みの探し方については、次回お話しますので。

STEP 3

「方向性」を仮決めする

「方向性」は仮決めでいい

ジョン　お久しぶりです。今日までに、何か気がつくことはありましたか？

笹山　わくわくすることは色々と見つかりました。最初は、海外の旅行番組を見ているときでしたね。ニューカレドニアの風景がとてもきれいで。子どもの頃に親に沖縄に連れて行ってもらったことを思い出して、あんな場所に暮らせたらいいな、と思いました。

ジョン　いいですよね。私も沖縄は好きでよく行きます。

笹山　なんとなく感じたことですが、僕は自由な雰囲気が好きなんです。上司や部下とか、そういうルールに縛られず、自由な環境で仕事をしたい。

ただ、ひとりで仕事をするよりは、チームで仕事ができるといいな、と思います。

小学校のリレーのときのように、ひとつの目標に向かってチームで取り組めるような仕事がいい。

ジョン　いいですね。前回よりもずっと、自分の言葉になっていますよ。他にはどうですか？

笹山　あと、ずっとやっていなかったテレビゲームをやってみました。やっぱり、すごく楽しかったな……。妻からは「何やってるの」と言われてしまいましたが。

ジョン　そういえば笹山さんは子どもの頃はゲーム好きだったんですよね？　どうしてやらなくなったのですか？

笹山　やっぱり仕事などで忙しくなって、「ゲームなんてやっている場合じゃないな」って思っていたんです。そんなことに時間を使っていても意味がないと思って。これは今も正直そう感じないわけではないですが。でも、ジョンさんの言葉を思い出して、いったんは自分に正直になろうと思って。

ジョン　素晴らしい進歩です。**そのままの感じで、自分の感情に素直になるといいと思います。**他にもわくわくを感じることがあれば、どんどんやってみてください。

笹山　これは、キャリアチェンジの方向性を決めるためにやるんですよね？

ジョン　そうです。**わくわくに気づいていくと、だんだんと方向性が見えてくるものです。**ただし、ひとつ注意があります。

笹山　なんですか？

ジョン　**笹山さんがどんな方向に進むにしても、当面はあくまで「仮決め」と考えておいてください。**

笹山　仮決めですか？

ジョン　はい。自分のキャリアについて、早く方向性を決めてしまいたいという気持ちは分かります。

でも、人の気持ちは日々変わるものです。やりたいと思っていたことが、後から違っていたということは普通に起きます。ですから、まずは「仮決め」として考えて、だんだんと本当の決断に近づけていきましょう。

笹山　分かりました。実は、沖縄移住やゲーム開発を学べるスクールに行くことをちょっと考え始めていましたが、気が早いですよね（笑）。

ジョン　その行動力はとてもいいです！　ただ、いきなり大金をかけたり、時間や手間をかけたりするのは待ったほうがいいです。

これからさらに深堀りするなかで、笹山さんが仕事にしたいことが変わることは十分ありえますから、そこを見極めてからでも決して遅くはありません。

「100人いても一番になれること」がいい

ジョン　では、今の笹山さんは、「やりたいこと」の種を見つけた状態です。次は、「強み」について一緒に考えてみましょう。

**人の気持ちは日々変わるから、
方向性をすぐに確定させない！**

■方向性はあくまで仮に決めておくだけ

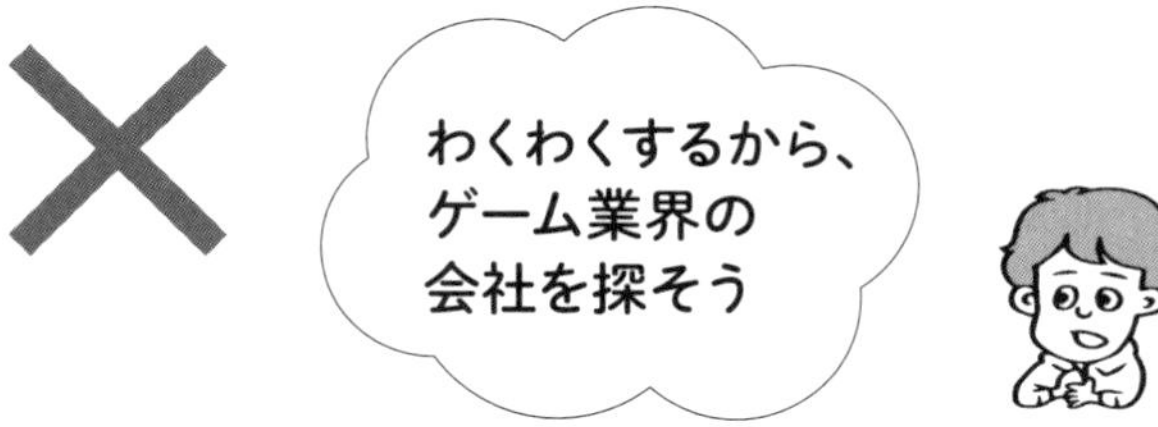
×
わくわくするから、ゲーム業界の会社を探そう

○
ゲームについて少し調べてみよう

仮に「ゲームをやるのが好き」であれば、ゲームをとことんやってみる、わくわくするゲームの特徴を考える、誰がこのゲームを作ったかなど、ゲームそのものについて調べてみよう。いきなり職業を意識せずに、あくまでそのものを深掘りしてみるといい。

笹山　自分の強みといっても、正直大したものは出てこないような……。今の仕事もまだ10年もやっていないですし。

ジョン　それは、「積み上げ型の強み」ですね。

笹山　？

ジョン　**人の強みは、「積み上げ型の強み」と「本来備わっている強み」に分けられます。**

キャリアチェンジのとき、多くの人は積み上げ型の強みを意識します。「営業の経験が20年ある」「プログラミングの資格をもっている」といった感じですね。

笹山　ですよね。僕の場合、商社勤務とはいえ結構色々な部署を回ったので、あまり自信をもって言える強みがないです。

ジョン　笹山さんにも、強みとしてアピールできることがあるはず。その強みはキャリアチェンジに役立つことは間違いないので、考えてみてください。

「輸出入の法律に詳しい」「英語で海外の支社とやりとりしていた」といったファクトを箇条書きにすると分かりやすいです。

笹山　そう言われれば、いくつか挙げられそうですが、いまいち他の転職者との差別化になるような経験がないんですよね。

ジョン　**そこで考えてほしいのが、「本来備わっている強み」です。**実はこちらの強みのほうが、「本当にやりたい仕事」を見つける意味では重要です。

笹山 それは、どういうことですか？

ジョン たとえば「人をまとめるのが得意」「整理整頓が得意」「人を笑わせるのが得意」といった感じで、何でも構いません。

笹山 そう言われても、僕に何かあるかな。

ジョン ポイントはレベル感にあります。**「100人いても一番になれるレベル」とイメージしてください。日本一とか、会社で一番という高いレベルではなく。**

笹山 100人というと、学年で一番という感じですね。なんとなく、それくらいなら何かあるような気がしてきました。

ジョン 多くの方は、「強み」というと長年にわたって蓄積された積み上げ型の強みをイメージしがちです。

だから、笹山さんのように若かったり、異業種にキャリアチェンジしようと考えたりするときに、「自分には何もない」と思い込んでしまいます。

しかし、そんなことはありません。積み上げも大事ですが、もともと備わっている強みも必ずあるはずで、まずはそこを見つけてください。

笹山　ジョンさんは、どうなんですか？　もともと備わっていた強みに、後から気がついたことがあったんでしょうか。

ジョン　私の子ども時代を振り返ると、自分で遊びやいたずらを考えて、仲間を集めてやっていました。

　大学ではテニスサークルを自分で立ち上げてたくさん人を集めましたね。今では30年以上続く名門サークルになっています。こんな風に人を巻き込んで何かを新しいことをするのは昔から得意です。

笹山　やっぱりリーダータイプですね。

ジョン　あとは、イベントや飲み会で入り込めない人がいると、声をかけて話を聞くようなところもありました。人から相談されるのは好きですし、やはり得意だと思います。

笹山　どちらの強みも、起業してキャリアカウンセリングをしているジョンさんにぴったりと感じます。

ジョン　そういう強みが生来備わっていたからこそ、キャリア支援の仕事を続けることができ、成果をあげることができたと思っています。

　笹山さんにも、きっとそんな強みがあるはずですよ。そういえば以前、運動会のリレーでリーダーを任された話をしてくれましたよね。

本来備わっている強みは、
100 人いても負けないレベルがいい

■本来備わっている強みに高いレベルは必要ない

笑わせるのは
得意だけど、
プロみたいには
できない…
笑いをとること
なら、100 人中
一番になれる
かも…

本来備わっている強みは、日本一である必要はありません。100人いても一番になれる、学年で一番だと思えるようなレベルで OKです。それでも自分には何もないと思い込んでいる人は多いものですが、「人をまとめる」「気がきく」「整理整頓」などより身近な要素に目を向ければ、きっと見つかるはずです。

笹山　あれはたまたま足が速かったからですよ。今は運動もしていませんし、もう強みとは言えないと思います。

ジョン　そんなことはありません。当時のことをもっとよく考えてみてください。担任の先生から笹山さんがリーダーを任されたのは、足が速いという理由だけではないでしょう。

　笹山さんなら、周りの人をやる気にさせてくれて、責任感をもって取り組んでくれると思われたのではないでしょうか。

笹山　そう、言えなくもないかな。

ジョン　そして、本番で失敗した笹山さんに、周りの人が温かい言葉をかけてくれたのも、それだけ慕われていたという証拠です。リーダーシップや社交性、責任感など、笹山さんの強みが見えてきます。

「自分の強み」が分からない理由

笹山　ジョンさんにそう言われると、僕にも強みがある気がしてきました。でも不思議です。自分のことなのに人に言われないと分からない。どうしてでしょう？

ジョン　私が考えるに、本来備わっている強みとは、「自分は当たり前のように簡単にできるのに、人にはなかなかできないこと」を意味します。**つまり、それが周りの人にとってはすごいことでも、自分としては自然にできているから自覚しにくい。**

笹山 それは分かるかも。ジョンさんにも、自覚できていなかった強みがあるんですか？

ジョン 昔のことですが、人にイベントなどの企画をお願いしても、なかなか前に進まないことがあり、イライラしてしまうことがありました。「どうしてこんな簡単なことができないのか」「もっと早くやってくれればいいのに」と思っていたのです。

でも、キャリアカウンセリングの仕事を始めて、人それぞれの強みを理解するうちに、「自分が当たり前にできることが、人が同じようにできるとは限らない」という事実に思い至ったのです。

考えてみれば当たり前ですが、どうしても自分の尺度で物事を判断しがちですからね。

笹山 僕も、パワポの資料作りは得意だから、他の人が手伝ってくれても、かえってイライラするときがあります。やり方を質問されても、何が分からないのかが僕には分からなかったりして。

ジョン そういうときはイライラを少し押さえて、「これは自分の強みだから」と思うことができれば、周りの人に対して少し寛容になれるはずです。

さらに周りの人の強みにも目を向けるようにすると、自分に足りないところを補ってもらう働き方も可能になりますよ。

人からの頼まれごとの意味

笹山　たしかに、会社の人のことを考えても、「あの人はこれが得意だな」というのは浮かんできます。でも、キャリアチェンジのためには、自分で自分の強みを考えるわけですよね。やっぱり難しいのでは。

ジョン　**一番シンプルな方法は、親しい人に、「私の強みは何だと思う?」と聞くことです。**でも、一人でもできるやり方もありますよ。

笹山　教えてください!

ジョン　**「普段与えられる仕事」をヒントにするという方法です。**笹山さんはスライド作りが得意で、上司からもよく頼まれると言っていましたよね。

笹山　そうです。これは結構自信があります。

ジョン　そうやって頼まれるということは、「スライドの作成スキル」は上司の目にも、笹山さんの強みとして写っているということ。

作業のスピードが早いことであったり、きれいなデザインでスライドを作れることであった

本来備わっている強みは、自分では見つけづらい

■自分では当たり前すぎて、気がつかない

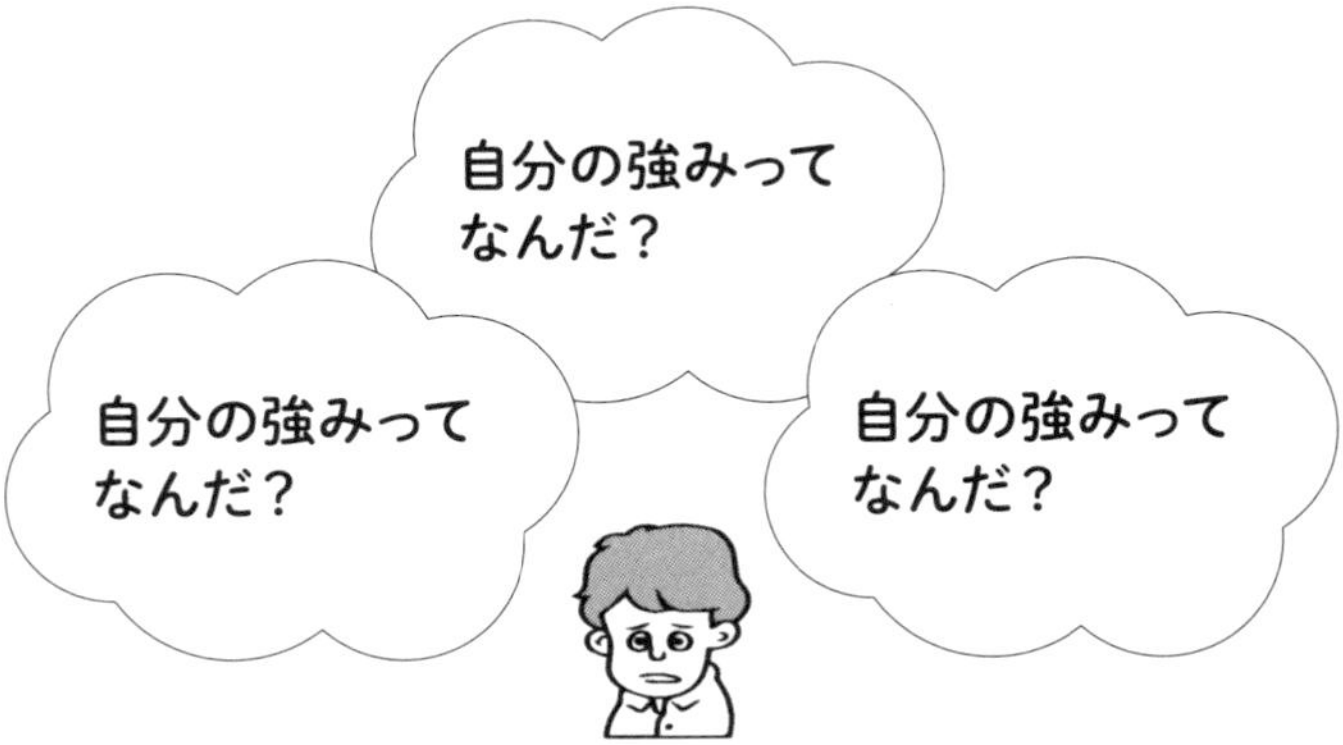

…と考えすぎても
なかなかわからない

本来備わっている強みは、「本来」というだけあって、自分では気づかずに使っている強みです。そのため、自分よりむしろ周りの人がわかっている可能性は高いです。

なかなか自分で強みを見出せないときは、周りの人に聞いてみるのも手です。

り。深堀りすると、強みが色々出てくるはずです。

笹山　なるほど。他にも何かあるのかな。

ジョン　きっとあるはずです。周りの人は意外と笹山さんを見てくれていますから、自分が頼まれる仕事があったら、そこから強みを見つけることができます。

笹山　まあ、正直に言うと少し面倒くさいんですけどね。仕事を抱えているときでも頼まれたりするので。

ジョン　**気持ちは分かりますが、「やりたくない」とか「向いていない」と思うようなことがあっても、まずは一生懸命やってみることが大事です。**そこで自分の強みに気づくことは結構あるんです。

頼まれた仕事に対して、「こなすべき仕事」と考えれば、面倒くさくなるのも無理はありません。ただ、「自分の強みに期待してくれている」と考えると、違った感覚になりませんか？

笹山　そう考えれば、少しやる気が出ますね。これが、キャリアチェンジにも役立つんですか？

ジョン　間違いありません。では、頼まれごとに応えるうちに強みが見つかったOさんのケースをお話したいと思います。

笹山　お願いします。

ジョン　Oさんは、大学卒業後に大手企業の女性総合職に採用されたのですが、閉鎖的な組織風土に馴染めなかったり、販売している商品に愛着を持てなかったりして、悶々とした日々を過ごしていたそうです。

笹山　なんだか自分のようです。

ジョン　そこで、Oさんは自分のやりたいことを追求し、人材紹介の仕事に足を踏み入れるのですが、ここでも苦戦を強いられました。

社会人経験が少なかったこともあり、思ったように成果をあげることができなかったのです。

そうしたタイミングで、Oさんは、取引先であるリユース関連企業の人事担当マネジャーから、「人事スタッフが足りないので、手伝ってほしい」との話をもらいました。

笹山　頼まれごと、ですね。

ジョン　はい。Oさんは人事の経験はなかったので、「自分にできるのか」と不安だったそうですが、迷った末に頼みを受け入れることにしました。

転職先の企業では採用者研修などはなく、環境こそ決して整っているとは言えませんでしたが、Oさんは独学でひとつひとつ人事のことを学びながら、自分のものにしていったそうです。

そんなふうに人事の知識を蓄え、信頼を獲得していたOさんでしたが、ある日、なんとその会社が買収されることになります。Oさんが信頼していた社長も会社を去ることになったそうです。

笹山　そんなことがあるんですね。

ジョン　誰も予想できない出来事でした。ただ、Oさんはそのときにはすでに、「頼まれごとに応える」ことで、自分の強みを育てる姿勢が身についていていました。

思い立ったOさんは、フリーランスとして独立することを決めます。

母親の着付け教室の手伝いをしたり、WEBマーケティングの仕事をしたりと、とにかく知っている人からの頼まれごとを受けて、収入を得るようになりました。

笹山　WEBマーケティング。また違うジャンルですね。

ジョン　これも頼まれて始めた仕事なのですが、OさんにとってはWEBマーケティングの仕事は合っていたようです。

ちょうどその頃にOさんは2人目のお子さんが生まれたのですが、WEBマーケティングの仕事は在宅でも続けられましたし。

こうして着実に実績を重ねたOさんは、その後、ついに自分で会社を立ち上げることを決断しました。

笹山　異業種に転職してからフリーランスになって起業……すごい。やっぱりかなり優秀な人

人から頼まれる仕事に
強みが隠されている！

■もし資料作りを頼まれたら…

　人は頼みごとをするとき、相手に役立つ強みがあると思って頼むものです。資料作りを頼まれることが多いとしたら、よりよい資料にするアイデアや技術、短期で仕上げるスピード、ミスがないことや丁寧に作る根気などが評価されているのかもしれません。同時に、それらがあなたの強みともいえます。

だったんですよね。何でもできるスーパーウーマンというか。

ジョン　最初からなんでもできる人などいません。Oさんの場合、起業して順調に売上を伸ばしていますが、それは、過去のキャリアを通じてきちんと強みを育ててきたからです。

Oさんが起業したのは、リユース業界に特化したキャリア支援サービスです。かなりニッチな業界特化型のビジネスなので、なかなか実現するのが難しい領域です。

でも、Oさんは転職先だったリユース関連企業で、業界の専門知識を得るとともに人間関係も構築していました。

さらには、サラリーマン時代の人事経験やフリーランス時代のWEBマーケティングのスキルが合わさって、今の仕事に活かされています。

笹山　頼まれごとに応えていたら、全部がつながった感じですね。

ジョン　Oさんも最初から起業ありきで考えていたら、うまくいかなかったかもしれません。少しずつ頼みごとに応えながら、強みを見出し、そして強みを磨いたからこそ、今の成功があるのだと思います。

頼まれごとは、試されごと

笹山　人からの頼みは、結構大事なことなんですね。ジョンさんは、頼まれごとは断らないのですか？

ジョン　最初から不可能と分かりきっていることは、かえって信頼を損なうことになるので断るべきです。

でも、「がんばればできるかも」と感じるなら、ぜひともチャレンジするようにしています。

仕事においてたいていのことは何とかなるものですし、判断に迷うということは、自分の心のどこかで「できるかもしれない」と思っているわけですから。

笹山　できるかもしれない、たしかにそうですね。

ジョン　人のため、とくに大事な人のためになることをやっているときは、不思議なほど力が出てくるものです。

さっきお話したOさんも、自分だけではフリーランスとして独立したり、起業したりするのはハードルが高かったかもしれません。私の場合も、今の仕事ができているのは、頼まれごとに一生懸命応えようとしてきたからだと思っています。

笹山　自分の気持ちだけだと、いつかモチベーションが下がりそうな気はします。

ジョン　私は起業してからは色々な失敗もしました。正直言って、自分だけのことを考えていたら投げ出していただろう、ということもありましたね。

笹山　いつ頃の話ですか？

ジョン　30代前半の頃、今の笹山さんと同じくらいですね。私が銀行員を辞め、ある新しい銀行の立ち上げに関わっていた時期のことです。

最初は、経営人材を獲得するヘッドハンターとして声がかかったのですが、ある日、「人事の責任者になってほしい」と頼まれました。

ただ、当時の私は採用の経験はあっても、人事全般の経験はありません。しかもいきなり責任者です。相当な不安がありました。

笹山　想像すると、かなりのプレッシャーです。

ジョン　はい。あのとき、断るという選択も頭をよぎりましたが、ふと、「頼まれごとは試されごと」という言葉が思い浮かびました。

経験がない私が頼まれたという状況に、何だか天から試されているような気がして。だから、なにはともあれ引き受けることを決断しました。

笹山　それで、どうなったのですか？

ジョン　本気になれば、なんとかなるものですね。必死に人事業務を学んで、人の力を借りながら、とにかく一心不乱に業務に取り組んだところ、期待された役割をどうにか果たすことができました。

そしてあのとき、私は自分の新たな強みをつかみました。**「人事全般のスキル」が身についたこと、そして「銀行立ち上げの人事を遂行した」という他の人にはない実績です。**

これは私にとって新しい差別化ポイントとなりました。もともと銀行員の経験しかなかった私でしたが、人事の領域で自分にしかできない仕事が増えたわけです。

笹山　実は今、会社からアジア圏の取引先拡大の仕事を打診されています。リーダーを任されていた先輩が体調を崩してしまって。

ただ、僕としてはあまり自信がなくて。ジョンさんみたいに、頼まれごとに対してエネルギーが湧くタイプだったら良かったのですが。

ジョン　強制はしませんし、今後のキャリアチェンジの方向性にもよりますが、可能であればぜひチャレンジしてほしいです。

笹山さんは自信がないと言いますが、誰かのために頑張ったことはありますよね？　小学校のときのリレーの話は聞きましたが、他にもあるはずです。

笹山　うーん……。中学や高校のときは、テストの点数がいいと母親が喜んでくれるから、なんとかいい点を取ろうと思って早起きして勉強しました。

あと、大学のときはバイト先で慕っていたリーダーの方が体調を崩してしまって、その穴を埋めようとして仲間と一緒に乗り切ったことも覚えています。

ジョン　やっぱりあるじゃないですか。当時のことを振り返って、どんな気持ちでしたか？

笹山　やっぱり、喜んでもらえると嬉しかったです。テストの点数が良かったときの母親の表情とか、バイト先のリーダーから感謝されたときのことは、今もなんとなく覚えています。

ジョン　**「先義後利」という言葉があります。**

笹山　せんぎ……どういう意味ですか？

ジョン　**この言葉は、道義や義理を優先させ、利益を後回しにすることで、結果的にその利益が自分に返ってくることを意味します。**

頼まれごとをしたとき、つい「これはやったほうが得なのか、損なのか」と考えてしまいますが、まずは頼まれごとに応える姿勢をもつと、あとで利益がついてくるということがあります。

笹山　それは何となくわかります。頼まれごとに応じると、結構、「やってよかったな」と思

頼まれごとは損得や
気分で判断しない！

■先義後利の精神で対応しよう

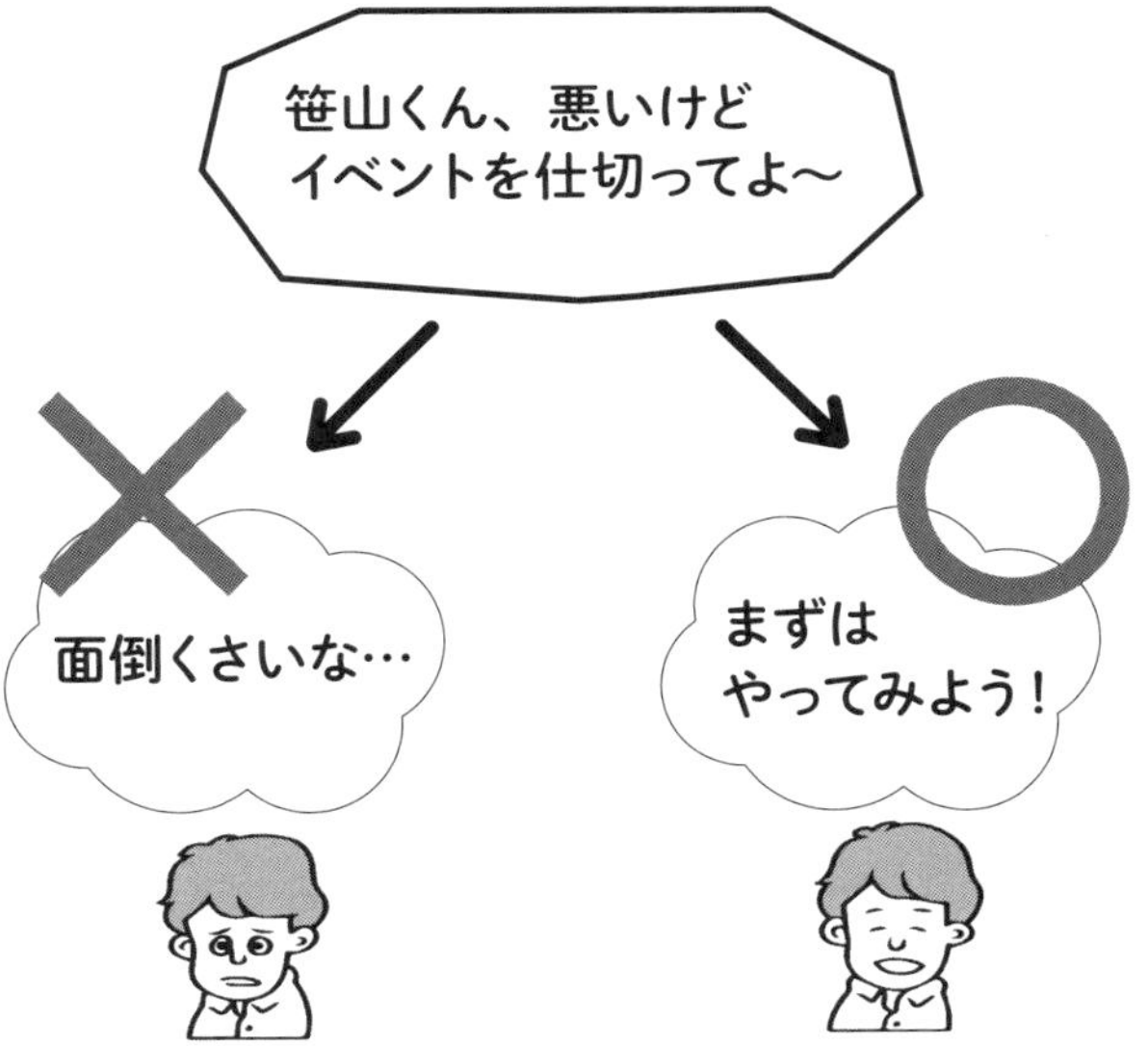
笹山くん、悪いけど
イベントを仕切ってよ～
面倒くさいな…
まずは
やってみよう！

自分の得意なことではない、忙しい、やっても自分の得にならない…など、頼まれごとに対してネガティブな反応をしてしまうときがあります。しかし、実は自分が気づいていない強みを発見するチャンスがそこにあるかもしれません。まずはチャレンジを。

うんですよね。まあ、どうしても気乗りがしない頼まれごともあるんですけど。

ジョン 状況によってはNOを言うことも大事ですが、もし自分の強みを見つけたり、磨いたりすることにつながりそうなら、やってみるのはいいと思います。気乗りがしない頼まれごとも、やってみると案外自分が向いていることが分かりますからね。

特別な才能があるのは幸せ?

笹山 頼まれごとから自分の強みを考える、というのは意識したいと思います。**でも、強みについて考えていると、どうしても他人と比べて自信をなくすことがあります。**スライドを作るのが得意って言っても、僕より得意な人は必ずいますからね。

あらためて思うのは、才能に恵まれた人は羨ましいですよ。誰にも勝てないようなすごい才能があれば、僕みたいに人生に迷うこともないでしょうし。

ジョン 気持ちはわかります、私も自分にはない才能をもつ人を見ると、なんとなく落ち込んだりもします。

笹山 ジョンさんでもそういうことがあるんですか。

ジョン もちろんですよ。ただ、これまで色々な方と出会い、ときには素晴らしい才能を持つ人と話すうちに、考え方が変わりました。たとえば、笹山さんは霊が見えますか？
笹山　なんですか、急に？　僕は、霊感はまったくありません。ジョンさんは見えるんですか？
ジョン　私も見えません。残念ながら（笑）。ただ、そういう方にキャリアカウンセリングの場でお会いする機会があり、話を聞いたのですが、普通の人に見えないものが見えるというのは苦痛でしかないそうです。
　他の人と共有できないし、見えていることを素直に話せば、変人のように扱われてしまう。想像すると、決して幸せなことばかりではありません。他人にとっては才能に見えても、本人にとっては欠点に思えてしまう。
笹山　特別な才能があるのも、大変なんですね……。
ジョン　前に、私が子どもの頃に、周りの人たちの心の声が聞こえていたことをお話ししましたよね。あまり良く思われず、私にとってはトラウマになってしまったという話です。
笹山　覚えています。子どもながらに大人の本音を見抜いていたんですよね。まあ、子どもに本音を突かれると、いい気はしないかもしれません。
ジョン　ただ、この歳になって振り返ると、そうした私の特質は、今のキャリアカウンセリングや教育の仕事に役立ってきた気がするんです。心の声こそはっきりは聞こえなくなりましたが、目の前の人の気持ちを推し量り、解いていくことは相変わらず私の得意とするところですから。

笹山　ただ、個性のなかにも、役に立つものと、そうでないものがあるんじゃないですか？

ジョン　大丈夫です。**ときには欠点と思えるような個性も、その個性がぴったり合う場所であれば価値になります。**

私も、人の心が聞こえるという個性を、欠点のように思い込んでいましたが、今はポジティブに活かせています。**個性はコインの裏と表のように、使い方、見せ方次第なんですよ。**

たとえば、発達障害のなかに、アスペルガーというタイプがあるのをご存知ですか？

笹山　言葉を聞いたことはありますが。

ジョン　アスペルガーは、特定の分野への興味が強くコミュニケーションに難があるタイプの人を指します。

周りの空気を読んで行動することを迫られる日本社会では、どうしてもアスペルガーの人はおかしな人のように見られがちなのですが、私は素晴らしい可能性を秘めていると考えています。

一般的な人にはない集中力を生かして、素晴らしい作品や研究結果を残す人も多いですし、私が知る成功されている起業家の多くが、実はアスペルガータイプなんです。

強みは人によって、
長所にも短所にも見える!?

■特別な才能があるから幸せとは限らない

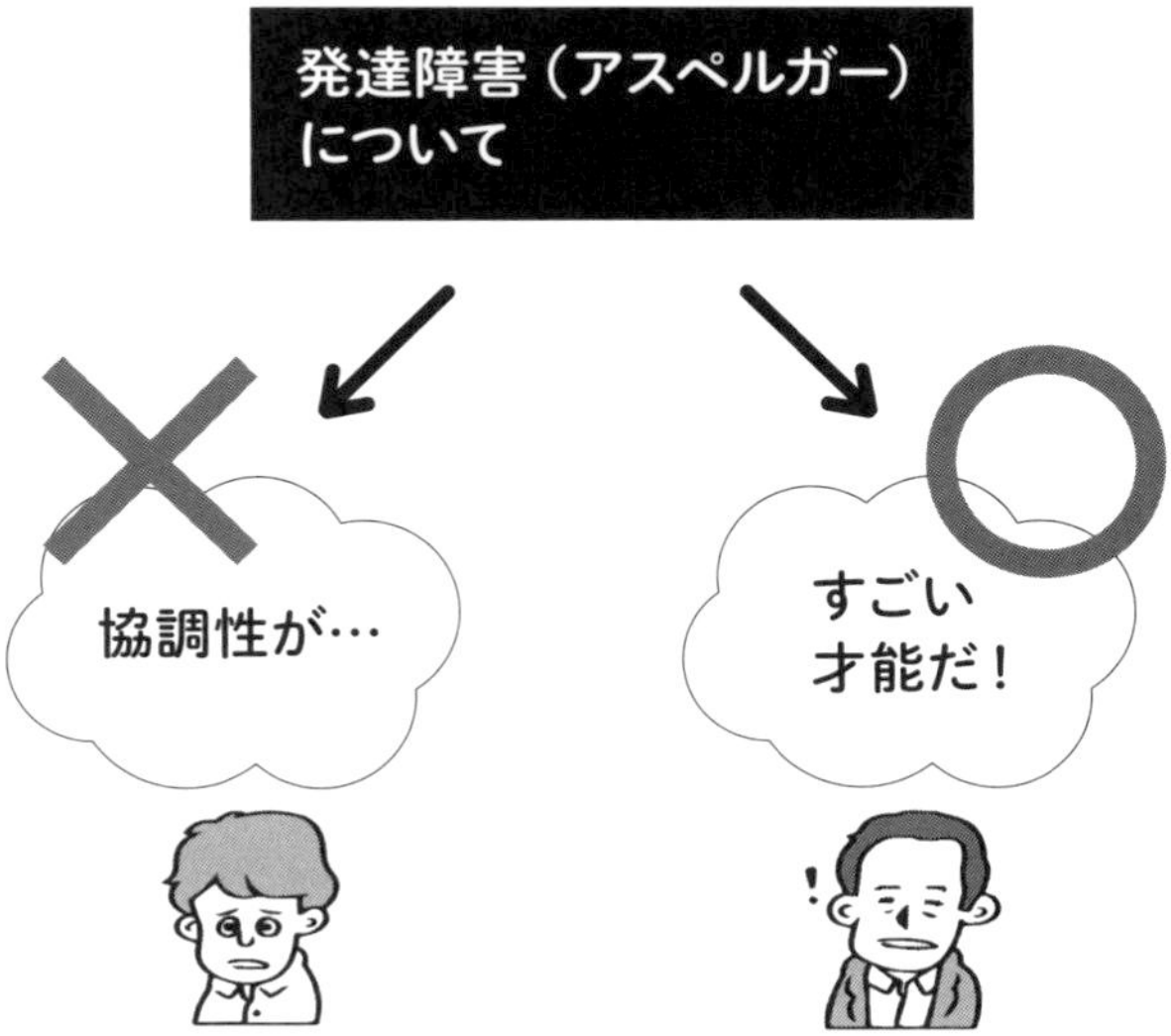

強み、個性、才能など人の特徴は様々です。でも、それらはすべて長所というわけではなく、時と場合によって短所にもなり得るもの。だからといって、短所となる面ばかりを気にしていたら、その強み、個性、才能は埋もれてしまいます。唯一無二のものになるチャンスを逃さぬように、長所として伸ばしていきましょう。

笹山　「発達障害」という言葉だけを聞くと、病院で治さないといけないイメージですが、違うんですね。

ジョン　そうです。アスペルガータイプの人が、障害を克服しようとして周りに合わせても落ち込むばかりです。

でも、その集中力を個性と捉え、活かすことができれば、結果は変わります。そういえば、タレントのさかなクンもアスペルガーを公表されていますね。

笹山　聞いたことがあります。

ジョン　さかなクンは魚に夢中になるあまり、学校の授業中は魚の絵を描いてばかりいたそうです。ですから成績は酷く、お母さんは学校から呼び出されていました。

このとき、さかなクンのお母さんは、「あの子はそれでいい」と答えられたそうです。さかなクンのお母さんは、「誰しもが同じように生きる必要はない。他と違う子がいてもいい」という考えがあり、その後もさかなクンを応援し続けたと聞きます。

その結果、今は多くの人に知られるように、さかなクンは誰も勝てないほどの魚の知識やイラストの能力を身に着け、活躍されています。

笹山　僕もさかなクンを最初に見たときは、「なんだか不思議な人だな」と思いましたが、今はキャラとして受け入れられていますよね。

ジョン さかなクンのように、どんな個性であれ、一人ひとりが本当の自分を呼び覚まし、唯一無二の個性を発揮すれば、自分も周りも豊かにしていくことができます。私はそういった個性が生きる社会が実現してほしいと思うんです。

笹山さんも、自分のやりたいことや強みを探す過程で、何か人と違う個性に気がつくかもしれません。

そのとき、抑えたくなるかもしれませんが、できれば引き上げてあげたほうがいい。その個性を好きになる人がきっと現れますから。

欠点を長所として捉え直す

笹山 ジョンさんの話を聞いていると、自分が欠点と思っていることでも、強みになるような気がしてきました。

ジョン いいですね。前にお話ししたとおり、私にとって強みとは、100人いても一番になれることです。ただ、一般的に言われる「長所」よりもかなり幅広く考えています。

笹山さんの職場には、繊細すぎる人はいませんか？ 周りに気を使いすぎていたり、他の人が気にしないようなことにこだわったりするような。

笹山 ああ、いますね。飲み会のときに先輩が座るまでは絶対に座ろうとしなかったり、気になるのか、資料の間違いチェックをずっとやっていたり。僕もそれなりに気を使うほうなんですが、ちょっとレベルが違いますよね。

ジョン その方は、周りの人とうまくやっているのでしょうか？

笹山 いや、うまくはいっていないですね……。

どちらかというと上司に叱られています。周りの人からも、「気にしすぎなんだよ」とイライラされたりして。その人と似たような性質が僕にもあるんですが、やっぱり繊細すぎるのは欠点なんですよね。

ジョン 欠点として見ようとすれば、欠点になります。そういった繊細タイプの方は、人が気づかないことに気づく力を持っています。だからこそ、そのことが気になってしまって仕事が遅くなりがちです。

でも、繊細さがうまく活かされれば、他の人には気づけないような重大な問題にいち早く気づいたり、特徴のある企画を生み出したり、といったポジティブな結果につながります。

繊細な人は、例えば芸術家は繊細な人が多いと言われるように、その特徴の捉え方によって

欠点は本当に欠点なのか？
強み・長所として捉え直そう

■特別な才能があるから幸せとは限らない

✕ 繊細で何事も
気にしすぎる…

◯ 他の人が気づかなかった
重大な問題に気づく！

✕ いつも無神経で
強引に仕事を進める…

◯ 自分のやり方ですごい数
の新規開拓を達成した！

モノは言いようと思うかもしれませんが、欠点は必ずしも欠点とは限りません。捉え方を変えれば、立派な長所となります。自分で欠点と思っていることを、一度長所として捉え直してみてください。

新しい強みが加わるかもしれません。

は強みになるでしょう。

笹山　なるほど。たしかにその人は、ときどき上司から聞かれると面白いアイデアを出すようなことがあって。自分からは言わないんですけどね。

逆に、いつも自信満々という感じの同僚もいて、彼は空気を読まずに発言していますが。

ジョン　その同僚は、周りの人を気にしないと？

笹山　はい。会議で強硬に意見を押し通したり、部署でトラブルがあっても自分の仕事を優先したりして。

周りは「おいおい」と思っているんですが、意に介さずという感じです。

ジョン　さきほどの繊細な方とは真逆のタイプの無神経タイプの人ですね。そういう方は、人の気持ちを感じ取ることが難しいのだと思います。

だから調和を乱すこともあるでしょう。**でも、そういう無神経タイプの特徴も長所として捉えることができますよ。**

笹山　そうなんですか？

ジョン　周りに流されず、自分のやり方を突き通すのは起業家に多いタイプです。物事をスピーディーに推し進めるには、そうした姿勢が必要になることがあります。

周りの意見を汲み取って合わせようとすると、どうしても立ち止まらざるを得ないですから。

とにかく仕事をグイグイ進めていかなくてはいけないときは、無神経タイプの人は心強い存在です。新規開拓営業の仕事にも向いていますね。

徹底的な差別化で、「幕の内弁当」にならない

ジョン これまでに笹山さんには「強み」について説明をしてきましたが、さらに意識してもらいたいのが、「個性」についてです。

笹山 個性ですか。

ジョン **私は多くの方のキャリアチェンジを応援し、起業支援も行っていますが、きちんと個性の重要性を理解せずに失敗する人が少なくないんです。**

笹山 個性がないと、失敗してしまう？

ジョン そうです。笹山さんは、幕の内弁当は好きですか？

笹山 幕の内弁当？ えっと、色々なおかずが入っているやつですよね。会議とかで出されれば食べますけど、別に好きではないです。

ハンバーグ弁当とか唐揚げ弁当のほうが好きですけど。……なるほど、なんとなくジョンさんが言いたいことがわかってきました。

ジョン ぜひ聞かせてください。

笹山 幕の内弁当は個性がないから、選ばれないということを言いたいんですよね？

ジョン そうです！ 幕の内弁当は食材の種類が多く、手をかけて作られていますし、栄養バランスもいいのかもしれません。

にもかかわらず積極的に選ばれないのは、個性がはっきりしないからと私は考えています。洋食なのか和食なのかはっきりしませんし、メインディッシュもすぐに思い浮かばない。

笹山 たしかに、妻から「何かお弁当を買って帰ろうか？」と聞かれて、幕の内弁当はまず思い浮かびませんね。食べても印象に残らないし。

出張のときも、仙台に行けば牛タン弁当を食べたくなるし、名古屋ではひつまぶし弁当を食べたくなります。幕の内弁当も置いているのかもしれませんが、気にも止まりません。

ジョン **「記憶に残る幕の内弁当はない」という言葉は、アイドルグループAKB48の生みの親である秋元康さんによるものです。**アイドルと同じく、ビジネスにおいても人の印象に残らないのは致命的です。

笹山 一見同じような商品なのに、人気と不人気が分かれるのは、そういう理由なんですか？

ジョン そうです。**他にも値付けや販売方法などの要素も影響しますが、根本は個性の有無に**

あります。

私は起業プランを審査する立場になることも多いですが、せっかく「やりたいこと」や「強み」をつかんでいても、個性としてきちんと表現できていないがために、キャリアチェンジがうまくいかない方がいました。

笹山 どんな問題があったんですか？

ジョン 「途上国支援のためにビジネスをしたい」と考えた人がいました。これはその方の「やりたいこと」であり、その想いは素晴らしいですよね。

その方は途上国の支援に関わっているときにわくわくを感じ、現地の人とのコミュニケーションなどに自らの強みも見出していました。

笹山 やりたいことと、強みを見つけていたんですね。

ジョン ところが、その手段として考えた起業プランは、「現地で生活に困っている人に何か商品を生産してもらって、日本で売る」というものだったんです。

笹山 「何か」って、えらく漠然としていますね。

ジョン そうなんです。その方にとって、「途上国の人が作った商品」という点がアピールポイントだったわけですが、それだけではおそらく売れないと思いませんか？

笹山 そういう商品、ありますね。**「買ってあげたい」という気持ちになることはあっても、**

「買いたい」というふうにならない。

ジョン　はい。だから、たとえ一度買われることがあっても、継続性に欠けるので、ビジネスとして成立させるのは難しいと感じました。

でも、その商品に「個性」があればどうでしょう。「ベトナムのモン族による伝統的な手織りで作った布雑貨」や、「希少なマダガスカル産カカオで作った、フルーティーなチョコレート」といった感じです。

笹山　そう言われると、急に欲しくなってきますね。「途上国の人が作った商品」という言葉のときと印象がぜんぜん違う。

ジョン　さらには、その人が起業に至るまでの熱い想いを語ったり、その商品ができるまでのストーリーを表現したりすると、ますます個性的なビジネスになっていくはずです。キャリアを考えるときも、こんなふうに自分の個性をしっかり打ち出すことが大切なんです。

積み上げ型の強みを個性と結びつける

ジョン　ここで再び強みの見つけ方に話を戻したいと思います。

先ほど個性の話をしたのは、ただ漠然と強みを考えるよりも、自分の個性とうまく結びつけ

個性は、徹底的に差別化してこそ個性となる！

■個性のない商品は売れない

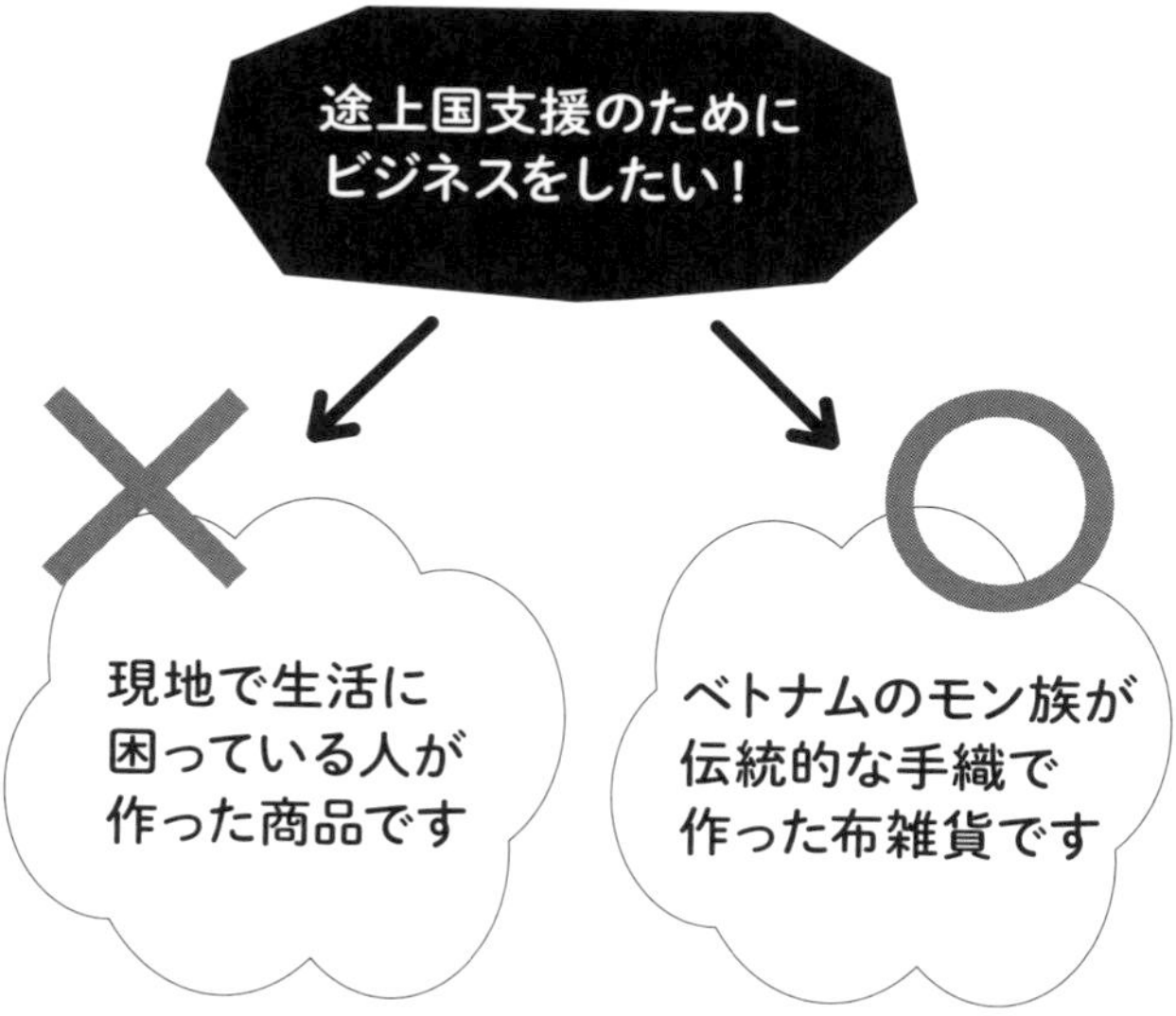
途上国支援のために
ビジネスをしたい！
現地で生活に
困っている人が
作った商品です
ベトナムのモン族が
伝統的な手織で
作った布雑貨です

強みは、個性としてしっかり表現できていないと相手には伝わらない。ビジネスであれば、相手に「買いたい」と思わせることが大事。キャリアチェンジでも、自分の強みを個性として伝えるために表現を工夫していきましょう。

てあげることが差別化になるからです。

笹山　差別化ですか。

ジョン　ビジネスと同じく、キャリアチェンジを考えるときも差別化は極めて重要です。転職するにしても、他の転職希望者と比べられるわけですからね。

笹山　それは分かります。

ジョン　**ここでポイントになるのが、「分かりやすくする」ということです。**自分の強みが見えてくると、どれもこれもアピールしたくなります。たとえば、「私はＷＥＢも人事も経理もできます」といった感じですね。

笹山　強みはあればあるほどいいんじゃないですか？

ジョン　もちろん、できることが多いことはいいことなのですが、他人から見ると、わかりにくくなるのは問題です。

それこそ、幕の内弁当みたいになってしまいます。牛タン弁当やひつまぶし弁当のように、特徴をはっきりさせたほうが印象に残りますし、頼まれごとも来るようになるんです。

笹山　これは落とし穴ですね。

ジョン　私も、起業スクールを始めた10年前、色々な切り口でアピールした結果、最初はなかなかなかうまくいきませんでした。

「起業に必要な知識が学べる」「有名な経営者に会える」「人脈が手に入る」など、たくさんの強みを並べていたんです。これは嘘ではないのですが、メッセージを増やしたにもかかわらず、入学したいという人は見つからなかった。

でも、試しに「自分らしい起業ができる」というメッセージに絞って営業したところ、とたんに入学者がバタバタと決まっていきました。

笹山　自分らしい起業、ですか。たしかにそのほうが行きたくなりますね。でも、どうやって僕が差別化ポイントを絞り込んでいけばいいのでしょう。

ジョン　**前にもお話したように、強みには「積み上げ型の強み」と「本来備わっている強み」があります。**

差別化に効果的なのは後者であり、これは個性と言い換えることができます。

たしか、笹山さんは英語で会話するのは得意なんですよね？

笹山　商社勤務ですからね。入社時にはＴＯＥＩＣ７５０点が条件でしたし、今も勉強を続けていて８５０点を超えました。

ジョン　もともと、外国の方と話すのは得意なのですか？

笹山　そうかもしれません。中学生のときにアメリカ人の英語の先生がいらっしゃって、結構可愛がってもらいました。

当時、英語のレベルは大したことはなかったのですが、なんとか身振り手振りでコミュニケーションを取っていましたね。

ジョン　いいですね。今の話を、「積み上げ型の強み」として考えると、「TOEIC850点を取得した」という形になるでしょう。

これは紛れもなく笹山さんの強みなのですが、これではTOEICで同じくらいのスコアを取っている人に対しては差別化にはなりません。そして「TOEIC900点の人」と比べられると、負けてしまいます。

笹山　そうですよね……。やっぱりもっと高いスコアを目指さないと。

ジョン　いえいえ。今の笹山さんでも、「TOEICでハイスコアを取っている」ということだけを強みにしている人に勝つことは十分に可能です。

さきほどお伝えしたように、「本来備わっている強み」や「個性」という見方で考えてみてください。

笹山　そう言われても。なんだろう……。「外国の人とコミュニケーションをする力」はどうでしょうか。

積み上げ型の強みと本来備わっている強み

■本来備わっている強みを掛け合わせる

✕

TOEIC で 850 点のスコアです。

さらにハイスコアの人がいたら、勝てない…

○

コツコツと英語の勉強を続ける努力型の人間です。

TOEIC の点数だけでなく、自分の個性もアピール！

積み上げ型の強みは、「上には上がいる」ものです。そのため、強みにならないことがあります。でも、あなたが本来もっている強みと掛け合わせると、積み上げ型の強みに個性が生まれてきます。そうすると、やりたいことに合わせた自分のキャッチフレーズを作ることも可能です。

ジョン　そういう感じです。

「言葉が通じなくても、物怖じせずコミュニケーションできる」「コツコツと英語の勉強を続けるような努力ができる」といった強みをアピールできますよね。もし転職の採用面接でアピールするなら、ただＴＯＥＩＣのスコアを伝えるよりずっと効果的です。

笹山　なるほど。ジョンさんに当てはめると、どうなります？

ジョン　「人の思いを引き出し、行動を導ける人」といった形ですね。こんなふうにひと言でまとめられるとベターです。

いくつか思い浮かぶと思いますが、自分のやりたいことに関連するワードにまとめてみてください。

笹山　じゃあ、僕は「海外の人とも協力関係を築ける人」というのはどうでしょう。

ジョン　とてもいいと思います！

笹山　自分にキャッチフレーズがついた感じですね。

ジョン　そう、それが大事なんです。転職するにせよ、起業するにせよ、「あなたは何者なのか」ということが問われます。

ここで答えられる言葉があるかないかは、大きな違いです。

「自分には個性なんてない」と言う人もいますが、世界には70億もの人がいて、それぞれが唯一無二の自分の個性をもっています。

これをうまく引き出してあげるだけで、キャリアチェンジはずっとうまくいくものです。

では、次回はこれまでよりもさらに具体的にキャリアプランについて考えていくことにしましょう。

STEP 4

「本当にやりたいこと」をつかむ

いきなり「本当にやりたい仕事」を考えない

ジョン　ここまでに、笹山さんは自分の「やりたいこと」と「強み」を認識しました。いよいよ、具体的なキャリアプランについて考えるときです。

笹山　なんだか緊張します。

ジョン　まずは気楽にいきましょう。少しこれまでのことをおさらいしておきましょうか。

笹山さんは、まずわくわくセンサーを働かせて、自分の感情が動くポイントをつかめるようになってきました。

そして、ご自身の強みも見えてきた。この2つを掛け合わせながら、「本当にやりたい仕事」をつかんでいきます。

笹山　**いきなり「本当にやりたい仕事」を考えたらいけないんですよね？**　ちょっと遠回りのような気もしますが。

ジョン　そうなんです。ここまで笹山さんがたどったプロセスは、キャリアチェンジを考えるなら遅かれ早かれ考えなくてはならないことです。ここを飛ばしてしまうと、結局また後戻りすることになります。

笹山 それは、「本当にやりたい仕事」を勘違いしてしまうということですか？

ジョン はい。キャリアチェンジを少しでも考える人は、何かしら「こうなれたらいいな」というくらいのイメージは持っています。笹山さんも、安定した大手企業を志望していましたよね。

私がキャリアカウンセリングや起業スクールで出会った多くの方も、あらかじめそれなりのプランを持っていました。

でも、そのプランを実現した人はほとんどいません。

笹山 **それは、やりたいことや強みをちゃんと認識していないから。**

ジョン そのとおり。当初に立てていた計画は、多くの場合、頭で考えただけのものです。「何となく田舎でカフェをしたいな」「今はＩＴの仕事をしているから、ＩＴで起業しよう」といったように、漠然とし過ぎているんです。

だからプランに着手しても、強みが発揮されず思うように進みません。ちょっとした失敗から自信を失い、ワクワク感もなくなっていくので、諦めてしまうというわけです。

笹山 「やりたいこと」と「強み」、どちらかだけ考えてもダメなんですね。

ジョン　実は私自身、最初の起業には失敗したのですが、今から考えると、当時は自分がやりたいことや強みをまったく理解していませんでした。
もともと銀行員だったので、金融関係の事業を立ち上げたのですが、成果をあげることができず、続けるだけのモチベーションを維持することもできませんでした。

笹山　ジョンさんは、僕の転職を止めましたよね。やはり、中途半端な状態の人は止めているんですか?

ジョン　そうですね。

過去の反省も踏まえ、起業にせよ転職にせよ、「こうだったらいいいな」というくらいのプランの人には、「やらないほうがいい」と伝えるようにしています。

そして、あらためて考え直してもらうことにします。

キャリアチェンジを考える人は、どうしても焦ってしまうので、いきなり最適な答えをつかもうとしますが、それではかえってギャンブルになってしまいますから。

「やりたいこと」×「強み」＝「本当にやりたい仕事」

笹山 じゃあ、僕の場合、この先はどうやって本当にやりたい仕事を探していくんですか？

ジョン まず、今の時点で考えている、笹山さんのやりたいことと、強みをおしえてください。

笹山 「やりたいこと」は、自分の作ったもので人を喜ばせることですね。ゲームが最初に思い浮かびますが、たとえゲームでなくても、自分が関わった作品で誰かが楽しんでくれると思うと、とてもわくわくします。

さらに仕事をするなら一人きりではなく、チームで進めたいです。自由な雰囲気のチームがいいですね。

そして、「強み」は、前にお話したことと重なりますが、「ひとつの目標に向かって周りの人をやる気にさせる力」「周りと協力関係を築けること」です。

ジョン では、そのふたつを掛け合わせると、どのような仕事が思い浮かびますか？

笹山 ゲームやアプリを開発する会社が思い浮かびました。若い人でも活躍している職場で、周りの人とディスカッションしながらいいものを作っていけると楽しそうです。なんだか、具体的になってくるとわくわくしてきますね。

ジョン　やりたいことや強みに沿って考えていると、自然と気持ちが高まっていきます。**逆に、自分の気持ちに嘘をつきながらキャリアプランを考えていると、具体的になるほどに気持ちが萎んでいくものです。**「自分にはできそうにない」「あまりやりたい仕事じゃないかも」と思ってしまうので。

いいですね。笹山さんはきちんと考えることができていますよ。

それでは、さらにプランを具体的にするため、ここからは「キャリアチェンジのスタイル」について考えてみましょう。

笹山　スタイル、ですか？

ジョン　そう。

キャリアチェンジというと「転職」がまず頭に浮かぶと思いますが、それがすべてではありません。

状況によっては、起業や副業がふさわしいということもあります。

笹山　いや、ちょっと待ってください！　さすがに自分でビジネスをするようなことは考えていません。リスクが高すぎます。

ジョン　そう感じるとしても、選択肢のひとつとして入れておくことは勧めます。最優先すべ

本当にやりたいことは、「やりたいこと」と「強み」で発見

■本来備わっている強みをやりたいことに掛け合わせる

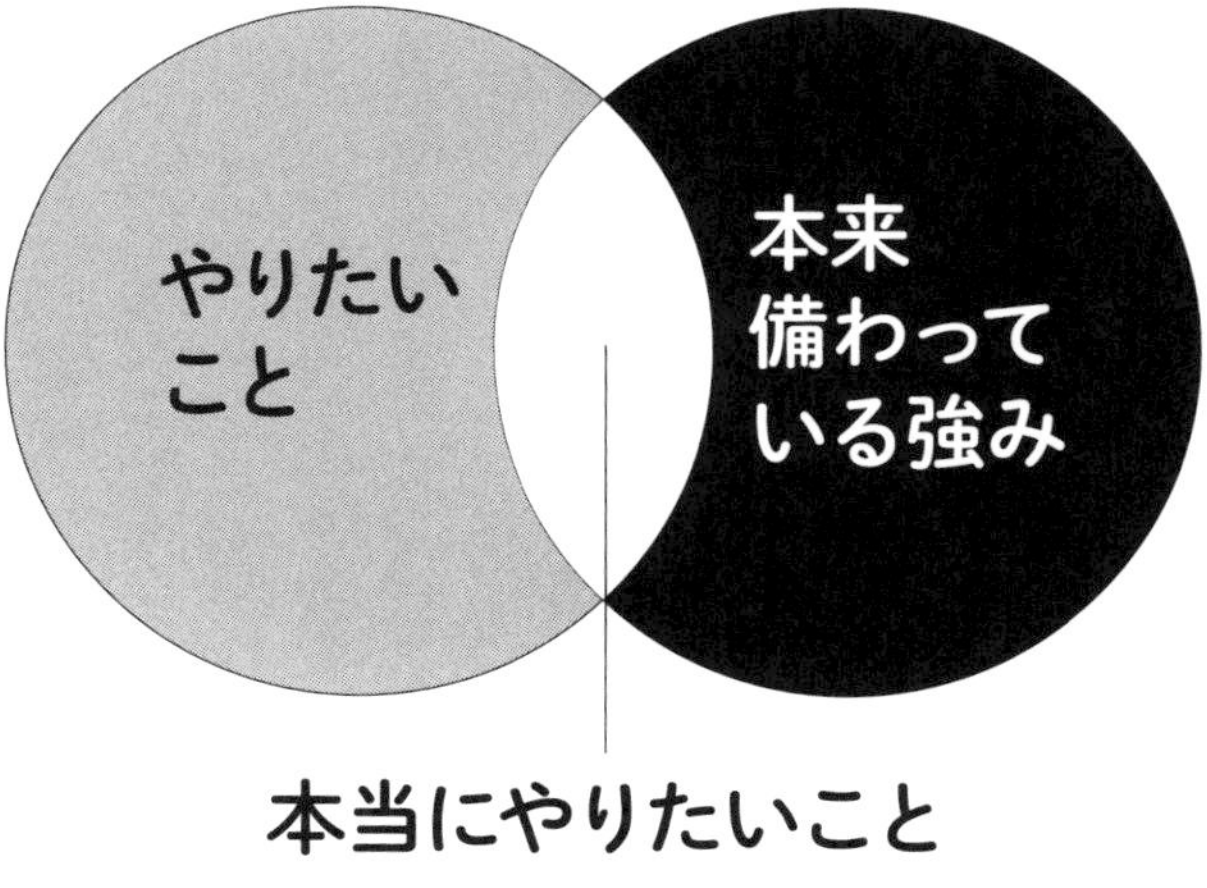

「本当にやりたいこと」は「やりたいこと」と「本来備わっている強み」を掛け合わせることで見えてくるものです。

これまでに見つけた「やりたいこと」や「強み」を掛け合わせて、「本当にやりたいこと」を発見してみよう。

きは、笹山さんが見つけ出した「本当にやりたい仕事」ですから、その仕事をするうえで、起業がぴったりという可能性もありますよ。

笹山　本当ですか？

ジョン　はい。まずは代表的な選択肢として「転職」「起業」「副業」に分けて、それぞれの特徴についてお伝えしたいと思います。

転職は、年収を最優先にしない

笹山　やっぱり、最初に考えるのは転職です。転職の話からお願いします。

ジョン　転職のメリットは色々とあります。年収や自分のポジションを上げたりするために有用であることは間違いありません。

自分の本当にやりたい仕事ができる会社が見つかれば、転職はとても良い選択肢になります。

笹山　転職サイトを見ていると、結構魅力的な条件が出ていて、つい応募したくなります。僕が就職した就職氷河期の頃よりも求人数は多いみたいだし、転職も珍しくなくなってきましたよね。

ジョン そうですね。「ひとつの会社を勤め上げるべき」という価値観はもう過去のものとなっています。**ただ、求人件数が多いことは、「転職しやすい」と必ずしもイコールではありません。**

笹山 そうなんですか？

ジョン 最近の転職市場では、経験者、いわゆる即戦力を求める傾向が強く、その分野での経験がないと転職が難しいのが現実です。残念ながら、未経験の場合、希望する企業に転職できる保証はありません。

笹山 じゃあ、僕みたいに異業種から転職しようとすると、かなり厳しいですね……。

ジョン ただ、「あること」をすることで、転職の選択肢を増やすことができます。

笹山 なんですか？

ジョン **「希望年収を下げる」という方法です。**

笹山 え？　それは嫌です！　年収は生活にそのまま影響する部分なので、ここは譲れません。少なくとも現状維持はしたい。

ジョン これは、あくまでも「転職を実現させるためのひとつのやり方」として理解してください。

私がこれまで転職をサポートしてきた方のなかに、「年収は下げたくない」という意向が強い方がいらっしゃいました。結果、転職はついに実現しませんでした。これはなぜだと思いますか？

笹山　希望する待遇に見合う経験がないから？

ジョン　そうです。少なくとも採用する企業にとってはそう見えます。

本当にやりたい仕事を見つけ、その仕事で発揮できる強みを実際に備えていたとしても、採用面接でそこまで認識してもらうことは難しい。

転職前の年収というのは、その企業や業界で一定の経験を積み、成果をあげた結果です。そうした経験や成果は転職先でも活かせるかもしれませんが、採用する企業からすると、仕事をしてもらわないと判断できないでしょう。

笹山　採用面接でいくら能力をアピールしても、信じてもらえないってことですよね。僕も異業種に転職するからには勉強はするつもりですが、経験を問われると何とも。

ジョン　はい。だから、まずは希望年収を下げることで、採用する企業のリスクを下げる方法が効いてきます。

異業種への転職であっても、「この希望年収なら、試しに採用してみようか」と思ってもらえる可能性が高まりますから。

笹山 うーん、厳しい世界ですね……。やっぱり、やりたいことを仕事にするなら、お金は求めちゃいけないってことですよね。

ジョン いえいえ、私はそんなことは言っていませんよ。**落とすのはあくまでも転職活動のときの希望年収です。**採用されれば、いかんなく自分の能力を発揮して、年収を上げていけばいいだけです。

笹山 そんなことができますか？

ジョン はい。**やりたいことと強みをかけ合わせた、本当にやりたい仕事であれば、必ず成果をあげることができます。**興味をもって仕事のことを学ぶので習得は早くなりますし、モチベーション高く仕事をしていれば、周囲の人とのチームワークも良くなります。

気がつけば、もともといた社員よりも成果をあげて、昇給やボーナスが与えられる可能性も十分にありますよ。

キャリアチェンジは長い目で見ることが大切です。転職時の待遇という点だけで判断するのはやめたほうがいいと思います。

会社にある「見えない資産」

笹山　ちょっと前向きな気持ちになってきました（笑）。転職するときに気をつけたほうがいいことは他にありますか？

ジョン　笹山さんが本当にやりたい仕事を見つけ、希望の転職先で採用してもらったとしましょう。

ここでは、年収やポジションの条件も悪くないと仮定します。それでも、転職が失敗する可能性はゼロではありません。

笹山　どうしてですか？

ジョン　**転職先の「企業文化」が合わないという問題です。**

たとえば、ひとりの時間を大事にしたい人にとって、飲み会などの社内イベントが多い会社は苦痛になるでしょう。

逆に、チームで和気あいあいと仕事をしたいのに、社内で会話がまったくないということもあります。

笹山　そういうことって外からは見えにくいですよね。

ジョン はい。さらに、社内文化に問題がなくとも、仕事上近い関係にある人と相性が悪いということもありえます。上司や同僚、部下との人間関係がうまくいかないというのは、本当によくあることです。

笹山 正直、僕が転職で一番不安なのはその点です。パワハラ上司とか、問題を起こす部下とかに当たるのは怖すぎます。

ジョン 誰しもそうです。ただ、そういった部分は採用面接だけではわからない部分でもあります。

採用する企業も、社員にすぐ辞められては困るので、できるだけ採用時のギャップはなくすように心がけていますが、想定外のことは起きるものです。

実際に一緒に働いてみないとわからないことのほうが多いし、採用のときに聞いていたことと違うことも出てくる。

笹山 ある意味、くじを引くようなものですね。

ジョン そうかもしれません。転職の成功談はメディアなどで華々しく語られますが、失敗談はあまり表に出てこないです。

いずれにせよ、転職には「今の勤務先で培ってきた資産をなくす」という現実があることは、

理解しておいたほうがいい。

笹山　資産、ですか。

ジョン　見えない資産です。会社で得られるのは年収だけではありません。相談できる上司や、気軽にお願いできる同僚、環境の良いオフィス、信頼につながる知名度など、色々ありますよね。

そうした資産の多くは、転職先に持っていくことができません。

転職すれば、それまで当たり前のように使ってきた資産を失ってしまうということです。

笹山　普段仕事をしていると当たり前に感じてしまいますが、そうではないんですね。

ジョン　だからこそ、急に転職に踏み切る前に、いったん立ち止まって、今の会社にある資産を理解しておくことが大切です。

笹山　うちの場合、何があるかな。

ジョン　少し考えてみましょうか。笹山さんが勤めている会社で得ている、もしくは得た資産を書き出してみてください。

笹山　なんだろう。

「年功序列で安定した賃金制度」

「研修で学んだパソコンのスキル」

「仕事について相談できる上司」

「気軽に愚痴を言い合える同期」

「名刺を渡すだけで信頼してもらえる知名度」

「福利厚生制度」……。

ジョン　そのうち、転職先に持っていけるものはなんですか？

笹山　パソコンのスキルは転職しても使えますよね。あとは、今の会社の同期なら、転職した後も相談できるかな。上司は転職した後は会いにくいかも。
絶対に転職先では使えないのは福利厚生制度ですね。結構充実していて、旅行費用や家賃を補助してくれるので助かっていたんですが。

ジョン　**転職先に持っていける資産を把握することは、安心感につながります。一方、持っていけない資産については、どうするかを考える必要があります。**なくても大丈夫なのか、どうしても必要なら、転職先で得ることができるのかを確認しておかないと。

笹山　こうやって整理すると、転職先を絞ることができそうですね。転職サイトを見ていると求人数が多くて、何を基準にしたらいいのかが分からなかったんです。

ジョン　**まずは、「本当にやりたい仕事」という軸を忘れてはいけませんよ。そのうえで、会社を絞り込むときは、「その会社で得られる資産」について考えてみてください。**

今の会社よりも、多くの資産を得られると期待できるなら、前向きな判断材料になります。

なんでもできるからこそリスクもある起業

笹山　転職にもリスクがあることが分かりましたが、起業はさらにリスクがありますよね。年収は約束されないし、それこそ、それまで会社で得ていた資産をすべて捨てるようなものだと感じます。

ジョン　まずは前向きな話からしましょうか。

起業の最大のメリットは、「自分がやりたいことを、好きにやれる」ということです。

笹山さんは、これまで仕事をしてきて、仕事のやり方や社内のルールで「こうすればいいのに」と思ったことはないですか？

今いる会社には見えない資産がたくさんある

■退職しても使える資産を把握しておこう

安定した賃金制度	良環境のオフィス	気の合う同期
充実した福利厚生	周囲の知名度	気さくな上司

思っていたより
いい環境で
仕事ができて
いたのかも？

各会社には「見えない資産」があります。本当にやりたいことのためにキャリアチェンジをするのはとてもいいことなのですが、そこで失う資産があることを忘れずにいましょう。

一方で転職などをした際には、転職先の会社で新たに得られる資産もあります。

笹山　もちろんあります。

社内の部署の間で明らかに無駄な書類のやり取りがあって、手書きで時間をかけて作っているんですが、「メールで済ませればいいのに」といつも思っています。

あとは、売上につながらない取引先の接待に駆り出されるのも苦痛で、そんな時間があるなら新規開拓に時間を使ったほうがいいのにって思いますね。

ジョン　そういうことは、会社勤めをしていれば誰しも感じることです。会社は組織で動いていますから、色々な人の考えに影響されます。

とくに古い会社であれば、昔からのやり方を変えられず、今の時代には合わない非効率な手順も残っているでしょう。

笹山　そう。とにかく非効率なんですよね。

ジョン　でも自分で起業をすれば、すぐにやり方を変えることができます。

とくに起業したばかりの頃はひとり、もしくはごく少人数で仕事をするのが普通ですから、「やりたい」と思ったらその日から実行できますよね。

書類のやり取りをメールにしたくなったら、「今日からそうしよう」と決めればいいだけです。

笹山　そう聞くと、起業も魅力的だな。

ジョン 今は笹山さんのように感じる人は多く、起業をする人の傾向は昔と変わってきています。**「一旗揚げたい」「お金持ちになりたい」といった感じではなく、「自由な働き方」を求めて起業を考える人が増えています。**

私が開いたビジネススクールでも、「起業」というキーワードに引かれて入学する人が多くいました。

ビジネススクールといえば、どちらかといえば会社で出世するために入るというのが従来のイメージだったのですが、公務員や大企業に勤めている人、お子さんのいるママさんが、将来の働き方を考えた末に起業を考えて入学されていたんです。

笹山 僕も、お金持ちになりたいというよりは、働き方を選べることに惹かれます。ただ、自分のやり方でうまく行くのか分からないから、やっぱりリスクは高いですよね。

ジョン その点を認識できているのはとてもいいことです。

起業をすると、「自分の力で稼ぎ続けられるのか」という悩みは、どうしてもつきまといます。

自分でお客様を見つけて、お金を払っていただかないといけない。

十分な売上がなければ、ビジネスを続けることはもちろん、生活も苦しくなってしまいます。

この不安感は、起業をしたことがない人には、なかなか想像しにくいことだと思います。

笹山　今の会社だと、営業担当が仕事を取ってくれていますし、資金繰りは財務部がやってくれているので、給料は必ず支払われます。

でも、起業すると、全部自分でやらないといけないですからね。

ジョン　**サラリーマンでも自分で顧客を獲得できる、稼ぐノウハウをもっている人は起業しやすいといえます。**

だから営業に強みがあって、交渉をまとめられるような人はいいかもしれません。でもそういう経験がなければ、きちんと時間をかけて起業準備をしておく必要があると考えてください。

笹山　そういえば、転職だと、まずは採用面接という目標があって分かりやすいですけど、起業となると何を目指せばいいのか分かりにくいですよね。ジョンさんは、起業した後に何を意識していたんですか？

ジョン　**とにかく、収入から費用を引いた利益を出すことを継続することです。**

笹山　さすがにそんなことはわかっていますよ（笑）。

ジョン　失礼しました（笑）。

でも、「ビジネスなんてできるわけない」と思ってしまうのは、複雑に考えすぎていることも原因です。

「利益を出す」ということをシンプルに考えると、意外とできることが見えてきますよ。そういった意味で、起業する前から身につけておきたいのが、「値付け」の感覚です。

ジョン はい。

笹山 値付け、ですか。

ジョン 笹山さんはスーパーやコンビニに並べられている商品が、なぜその値段になっているのかを考えたことがありますか。

笹山 あまり考えたことがないです。もちろん買うときは値段を見ますけど。

ジョン 笹山さんが比較検討をして選んだ商品は、おそらく適正な価格に設定されているはずです。

その商品が高すぎたら買ってもらえないし、安すぎれば利益が出ないので継続できない。消費者にとって納得できる値段で、かつ原価をまかなえる値付けをする必要があるのです。

笹山 それはすごく難しそう。

ジョン おっしゃるとおり、値付けは難しく、奥深い。たとえば、普段は1個50円で売られているコロッケが、10円で売られていたら、笹山さんは買いますか？

笹山　お金が節約できるのは魅力的ですが、ちょっと怪しい感じもしますね。もう賞味期限が切れそうなコロッケなのかも。

ジョン　**オーソドックスな販売戦略として、激安商品を置いて、ついでに店内にある利益率の高い別商品を買ってもらうという手法があります。**

販促のために一部の商品を叩き売りするということですね。

ただ、今の笹山さんのように、店側が意図したのと違うように解釈されてしまう可能性もあります。

どんな値付けをすれば、お客様に納得してもらいながら、利益を出し続けることができるのか。起業したら、トライアンドエラーを繰り返し、少しずつ最適な値段を見つける必要がありますね。

笹山　なんだかゲームみたいですね。

ジョン　そのとおりです。

ゲームを繰り返しやると上手になるように、商品の値付けもだんだんと勘所が見えてきます。難しいことは間違いないですが、値付けを工夫して利益を増やしていくのは、起業の醍醐味のひとつです。

「やりたいことで起業をする」ということ

笹山　起業って、自由度が高いだけに迷うことも多そうです。だからこそ感じますが、「本当にやりたい仕事」を意識していないと、ブレブレになりそう。

ジョン　おっしゃるとおり。**単に「このジャンルなら稼げそう」「楽できそう」といったことでは、モチベーションが続かず、継続することができません。**

笹山　継続できるか、が大事なんですね。

ジョン　私の経験からも言えますが、どんなに事前に検討したところで、起業が最初から完璧にうまくいくことはありません。

思い描いた起業プランのとおりに進めているはずなのに、なぜか納得できないということもある。

でも、「本当にやりたい仕事」の方向性を決めて、そこに向けて動いていると、だんだんと解像度が上がっていきます。

笹山　解像度？

ジョン　自分がもっとも力を発揮でき、やりがいを感じられる方法が見えてくるんです。すると、ビジネスの結果もついてきます。

私が以前キャリアカウンセリングをしたSさんもそうでした。

Sさんは、コーヒーのバリスタの仕事を経験し、その経験を活かした起業に向けて模索していました。

私と知り合った当時は、子育てのためにバリスタをやめてデスクワーク中心の仕事をしていたのですが、そうした日々のなかでバリスタへの思いがどんどん募っていったそうです。

笹山　バリスタは、Sさんにとって本当にやりたい仕事だったんですね。

ジョン　はい。

そこでSさんは、自分が淹れたコーヒーを楽しんでいただけるような空間を作りたいと、起業スクールに通い事業計画を作り始めます。自宅近くのカフェと交渉し、期間限定でカフェの運営を経験させてもらう機会も得ました。

ところが、そうした行動をしながらも、Sさんは「違和感」を感じていたといいます。

笹山　違和感ですか。目標に向かって一直線という感じですけど。

ジョン　Sさんの違和感の正体は、「働く場所」に関するものでした。

やがてSさんが思い至ったのが、「自分が生まれ育った大好きな北海道でカフェを開きたい」ということ。

それも、自然豊かな場所で子育て中の親がゆったり過ごせる、預かりサービスつきのカフェを開きたいと思うようになりました。

笹山 バリスタをできたとしても、どこでもいいというわけではなかったんですね。じゃあ、北海道でカフェを開くことになったんですか？

ジョン そうすんなりとは行きません。

Sさんの旦那さんは東京で仕事をしていましたから、北海道でカフェを開くとなると、別居するほかありません。当然ながら義理のご両親からの反対も想定されます。

笹山 それは厳しい選択ですね……。

ジョン そのことにSさんは相当悩んだようですが、自分の中から湧き出る想いに嘘をつくこともできませんでした。

そこで、Sさんは勇気をもってご主人に相談することを決めました。すると、驚くことにご主人は反対するどころか、応援してくれたといいます。

義理のご両親も、最初は反対されたそうですが、やがてSさんの北海道行きを了承されました。Sさんは、ご主人を残し子連れで北海道に移住することになります。

笹山　なんだかドラマみたいな話ですね。

ジョン　本当にそうですね。

でも、ドラマはここからです。Sさんは、ひとまず北海道の住居と仕事を探そうとして、周りの人に相談しはじめました。

すると、北海道で保育所を運営している友人から声をかけられ、住居つきで働けることになったのです。北海道移住の大きなハードルだった、子どもの預け先と働き口がいきなり手に入りました。

笹山　それはラッキーですね！　でも、バリスタの仕事からは離れてしまったような。

ジョン　Sさんは、その保育所で働くことを決めた際、そこを運営している友人に「いつかはカフェを開きたい」という思いを伝えていました。

すると、「保育所が週末は空いているから自由に使って」という申し出があったそうです。おかげでSさんは、理想的な状況で、保育付きのカフェをオープンすることができました。

笹山　へえ！　そんなにトントン拍子に物事が運ぶことがあるのですね。

ジョン　私は、こういう方を何人も知っていますよ。

本当にやりたい仕事を見つけ、そこに向けて行動していると、想像できないようなことが起きるものです。

Ｓさんがキャリアチェンジに向けて行動を始めたばかりの頃は、彼女自身、北海道のことは意識していませんでした。

でも、うっすらと遠くに見える理想に向けて行動したところ、自分の感情に動きが生まれ、より解像度高く自分が理想とする仕事や生活がイメージできるようになったというわけです。

笹山　そういえば、Ｓさんはそれで良かったと思いますが、Ｓさんのご主人のこともちょっと気になります。

僕の妻がそんな風になったら、どうするだろう……。

ジョン　後日談ですが、Ｓさんがカフェを開くことになり、別居状態だったご主人は東京での仕事を辞めて北海道に移住をすることを決めたそうです。Ｓさんの想いを汲まれてのことと聞いています。

笹山　良かった。ハッピーエンドですね！

「継続できるか」が副業のポイント

笹山　起業の可能性も、少し考えたくなりました。今すぐでなくても、転職をして経験を積んだら、起業をしたくなるかもしれません。

もし、僕が起業をしたくなって準備をするなら、どういうやり方がありますか？

起業スクールに通ったり、勉強をしたり。会社を辞める前にできることがあれば、知りたいです。

ジョン　スクールなどで学ぶのはひとつの手です。ただ、お金や時間がかかるので慎重に検討する必要があるでしょう。

自治体などによる無料で受けられる起業サポートもありますが、一般的な知識を得るには良いのですが、なかなか実践的な知識を得るのは難しい。

笹山　たしかに起業について学べるところは色々ありそうですが、何が「自分の本当にやりたい仕事」に役立つのかが見えにくい気がします。

ジョン　**そこで私がお勧めしているのが、副業です。**

笹山　副業ですか？
そういえば友達も、最近週末に副業しているって言っていました。働き方改革で残業代が減ったから、その穴埋めのために副業を始めたとか。毎月数万円くらいの収入にはなっているそうです。

ジョン　**収入目的で副業することも決して悪いことではないのですが、できればもっと大きな目線で考えたほうがいいですね。副業の経験はキャリアチェンジにかなり役立ちますから。**
たとえば、自分のキャリアチェンジの方向性に沿った会社で副業を始めれば、異業種に転職する前にその業種の経験を積めたり、起業準備に役立てたりといったことが可能です。
笹山さんがゲーム開発の仕事に憧れがあるのなら、そういった会社で副業として仕事ができないかを調べるといいと思います。

笹山　ただ、うちの会社は副業が禁止されているんですよね……。

ジョン　そうですか。最近は徐々に副業解禁の流れが来ていますが、禁止されている企業もまだありますよね。
その場合は、報酬が発生しないボランティアやインターンであれば、社内規定に引っかからない可能性があります。

ここでは、ボランティアなども含めて副業として考えてください。

笹山　ちょっと社内規定を確認しておきます。申請すれば許可をもらえたりするかも。もう少し詳しく、副業のメリットを知りたいです。

転職したい、起業したいという方向性が決まっていても、副業はしておいたほうがいいんですか？

ジョン　**転職や起業は、いちど踏み出せばなかなか引き返すことはできません。**

いったん会社を離れたのに、あとから「また雇ってください」とお願いするのは難しいですよね。

でも副業なら、続けるのも辞めるのも自由。本業を続けていれば、副業を辞めたとしても収入を確保することができますから。

笹山　たしかに。やってみて「合わないな」と感じたときにやめられるのは、安心感が大きいです。

でも副業といっても、そもそも探し方が分からないです。どうやればいいんですか？

ジョン　まずは、とにかく興味があることや、やりたいと思っていることに近い分野で探すことです。

さらには自分の強みを活かせるようなところが理想的ですね。

せっかく貴重な時間を副業に使うわけですから、まずは得られる経験に着目することが大切です。副業収入は二の次で構いません。

笹山 ジョンさんの話を聞いていると副業はいいことばかりのように聞こえますが、デメリットはないんですか？

ジョン ない、と言いたいところですが、あります。

笹山 やっぱり。

ジョン **まずは「自分の時間がなくなる」ということでしょう。**副業は本業があってのものなので、使える時間が限られます。

たとえば平日の9時から17時まで本業の仕事に使っているのなら、平日の朝か夜、もしくは休日の時間を使うことになりますよね。

それまで自由に使えていた時間が少なくなるので、その分、厳格に時間管理をする必要があります。プライベートな時間が減ることも覚悟しなくては。

笹山 家族もいるし、正直それはきついな。

ジョン そう。だから、副業を始める人は増えているものの、途中でやめてしまう人が多いんです。

副業をやめても本業の収入で食べていけますから、本業やプライベートが忙しくなると、ついつい副業をやめてしまう。

笹山　その状況はすごく想像できます。今もそれなりに忙しくて仕事が終わればヘトヘトですし。副業、いいと思ったんですが、デメリットも大きいですね。

ジョン　**ですから、副業こそ、自分の好きなこと、やりたいことである必要があるのです。**疲労も忘れて取り組めるような。

そういう意味では、「副業を続けられる」ということが、転職や起業を成功させる条件とも言えます。自分が本当にやりたいことかどうなのかを副業で試してみるのはありですね。

笹山　自分に合う副業を見つけられればいいんですけど。転職と同じで、働いてみないと分からない部分が多いと感じます。

ジョン　**インターネットなどで副業できるところを絞り込んでいくのも手ですが、私が勧めるのが、「人のつながり」に頼るということです。**

笹山　人のつながり、ですか。

ジョン　はい。知人を通じて自分が興味のある分野の人を紹介してもらうのです。

笹山　求人情報から探したらいけないんですか？

ジョン　それでもいいのですが、選択肢が多いゆえに、本当に自分の方向性と合ったものを探すのが大変です。

でも、人のつながりを活用すれば、「笹山さんは、こういうことをやりたいって言っていたから、この仕事が合っているかも」と考えて紹介してもらえます。

自分の視点だけでなく第三者の視点を入れることで、より自分に合った仕事が見つかりやすくなるんですよ。

笹山　前に頼まれごとに応えることを勧められましたが、ちょっと似ていますね。

ジョン　そうです。

あのときにお話したように、頼まれごとは「自分の強み」のヒントになります。笹山さんが誰かに副業できるところを紹介してもらえるとしたら、それは笹山さんが備える強みに期待されてのことと考えられます。

ということは、その副業は、笹山さんの強みを発揮できる可能性が高いということです。

笹山　副業というと転職や起業よりも軽く考えていましたが、色々と意味があるんですね。

ジョン　**あとは現実的に、人の紹介であれば、簡単にはやめにくいという効果もあります。**

副業は続けるほどに役立つ経験を蓄積できるものなので、その意味でも人のつながりを利用するのはお勧めです。

「会社に残る」という選択

笹山　転職、起業、副業……。どれも一長一短ですね。どの方法を選べばいいか、ちょっと考えたいと思います。

ジョン　その前に、４つ目の選択肢についても考えてみてください。

笹山　え、まだあるんですか？

ジョン　はい。

「今の会社に残る」という選択肢です。

笹山　え？　そもそも、僕の場合、今の会社に不満があるからキャリアチェンジを考えているわけですから、その選択肢は考える必要ないと思います。

ジョン　もちろん理解しています。でも、笹山さんから見える会社の姿は、真実の姿とは違うという可能性があります。

笹山　というと？

ジョン 転職することは、それまで勤めていた会社で得ていた資産を手放すことになる、とお話ししましたね？

笹山 はい。人間関係とか、知名度とか。色々ありましたね。

ジョン **本当にやりたい仕事がはっきりしたら、転職をする前に、「今の会社にある資産を使って実現できないか？」と考えてみてください。**

笹山 正直、うちの会社では難しいと思います。

ジョン そう判断したなら、転職などの方法を選ぶのは構いません。

ただ、笹山さんが働いている会社に新規事業に取り組むようなプロジェクトがあれば、そこでやりたいことを実現できる可能性がありますよね。

あくまで会社の事業ということであれば、会社のリソースを存分に活用することができ、ビジネス感覚を磨く場としても役立ちます。

笹山 そういうふうに考えたことはありませんでした。

たしかうちの会社も新規事業の部署がありますが、自分とは関係ないと思っていました。いずれにしても、僕のやりたいことと、うちの業態は全然違うので、無理でしょうけど。

ジョン　こういうケースがありました。Kさんという方なのですが、先進技術を扱うある大手企業に勤めながら、ビアレストランを開かれたんです。

笹山　勤めながら、ということは、副業で？

ジョン　はい。もともとKさんが勤務する企業には副業規程がなかったそうですが、会社の許可を得て、週末などの時間を使ってお店のオープンに向けて準備を進めることになります。

個人的にビールの醸造技術を学んだり、仲間を集めたりしているうち、偶然にもKさんは大手デベロッパーから「ここでお店を開きませんか」と声をかけられたそうです。

こうして店舗や設備を手に入れることができ、立派にビアレストランを開業されました。

笹山　副業ではじめたことが、大きくなったんですね。じゃあ、Kさんは会社を辞めて起業したんですか？

ジョン　それが違うのです。Kさんは会社を辞めずに、ビアレストランの運営を続けることにしました。

そして、Kさんはもともと勤めていた企業から、新規事業開発を任されることになったそうです。

ビアレストランの経営で培った事業開発の経験が、会社から評価されたのでしょう。社内でもKさんの取り組みに共感する人が多く集まったと聞いています。

笹山　会社を辞めずに自分のやりたいことをする。それができれば本当にいいですね。まったく考えていませんでしたが、選択肢に入れたいと思います。

ジョン　会社というのは、働いている人が想像しているよりもはるかに大きな可能性をもっているものです。

オフィスや設備といったリソース、周りの人たちとのチームワークを活用することができれば、実は最も早く理想の働き方を実現できるかもしれません。

「自分の強みで助けられる人」を考える

笹山　転職、起業、副業、会社に残る。選択肢は4つですね。ここからどんな風に絞り込んでいけばいいんですか？

ジョン　**まず理解していただきたいのは、「本当にやりたいことをする手段」として発想できれば、4つの選択肢のどれを選んでも大丈夫ということです。**どの選択肢が一番適切なのかという観点で考えてください。

笹山　そう言われると、ますます迷いそうです（笑）。

ジョン　わかりました。

それでは、違った視点から2つのアプローチをお伝えします。

自分の理想的な仕事をイメージするときに、「自分の強みで助けられる人」もしくは「自分が助けたい人」を考えるという方法です。

笹山　「自分が本当にやりたいこと」から考えたらいけないのですか？　僕ならゲームづくりをしたいから、ゲームの開発会社に転職するといった感じで。

ジョン　**キャリアチェンジを考えるには、自分だけでなく、相手も考えたほうが具体的になります。仕事というのは、相手があって成り立つものですから。**

笹山　じゃあ、「ゲームを作りたい」というときに、そのゲームを楽しんでくれる人を意識するという感じでしょうか。

ジョン　いいですね。

他の例でも考えると、「絵を描きたい」という思いがあったとして、それだけでは具体的な仕事に落とし込むのが難しい。趣味として家で絵を描いていてもいいわけですから。

でも、「僕の絵で喜んでくれる人」のことを考えると、仕事につながるアイデアが浮かんできます。

「絵をたくさんの人に見てもらえるよう、展覧会を開こう」

「買ってくれる人に向けて、販売サイトを作ろう」

といったように。

笹山　なるほど。それで2つのアプローチがあるということですが、どう違うんですか？
「自分の強みで助けられる人」と「自分が助けたい人」でしたっけ。

ジョン　**まずは、「自分の強みで助けられる人を考える」という方法ですね。**たとえば私であれば、「人のキャリアに関する相談を受ける」ことが得意です。この強みで助けられる人を考えると、当然ですが「キャリアについて悩んでいる人」です。
さらに想像をすると、その人は将来に不安を抱いていて、もっと自分にぴったりな仕事があるのではないかと思い悩んでいる姿が思い浮かびます。

笹山　今の僕みたいな。

ジョン　そうです。

次に、そうやって思い浮かんだ人を、どのようにして助けるのかを思い浮かべます。

「対面やオンラインで相談を受けて、悩みを解決する」

「キャリアチェンジに役立つアドバイスをメルマガやブログにして届ける」

という感じでしょうか。

あとは、これを転職や起業、副業といった選択肢に当てはめて、どの選択肢が一番ふさわしいかを考えてみます。

すると、「キャリアカンセリングを提供している会社に転職する」「キャリアカウンセラーとして独立開業する」という方法が出てきます。

私の場合は、独自のやり方で多くの人の助けになりたいので、最終的に起業という選択をしましたが、これは何が正解というものではありません。

「本当にやりたい仕事」のイメージにもっともふさわしいスタイルを選べばいいだけです。

「自分が助けたい人」を考える

笹山　その考え方はしっくり来ますね。もうひとつの考え方はどうなんでしょう。

ジョン　こちらはひとつめのアプローチと比べると、少し難しいかもしれません。いったん、「助けたい人」について具体的なイメージをもち、その後に、自分のやりたいことや強みを当てはめていくという方法です。

笹山　それは、どういう意味があるんですか?

ジョン　**人は特定の誰かが喜んでくれる姿をイメージすると、自分も喜びを得ることができる生き物です。**分かりやすいのが恋愛でしょう。好きな人が見てくれていると、自然と頑張れる気がしませんか？

笹山 それはたしかに（笑）。

ジョン 笹山さんは、「ふたりの石切職人」という話を聞いたことがありますか？

笹山 いえ。知りません。

ジョン こういう話です。旅人が、ある町を通りかかったところ、新しい教会が建設されていて、ふたりの石切り職人が働いていました。

その仕事に興味を持った旅人は、ひとりの石切り職人に聞きます。「あなたは、何をしているのですか」と。

その問いに対して、石切り職人は、不愉快そうな表情を浮かべ、「このいまいましい石を切っているだけだ」と、ぶっきらぼうに答えたそうです。

笹山 なるほど。しんどそうですね。

ジョン 旅人は、もうひとりの石切り職人に同じことを聞きました。すると、その石切り職人は、表情を輝かせ、生き生きとした声で、こう答えたそうです。「ええ、いま私は、多くの人々の心の安らぎの場となる素晴らしい教会を造っているのです」

笹山 リアクションが全然違いますね

ジョン　仕事が「やりたいこと」と結びついていることが大切だという話はしましたね。**さらに、「その仕事で助かっている誰か」をイメージすることで、さらに気持ちを高めることができます。**

笹山　石切職人も同じ仕事をしているのに、言われてみると不思議です。

ジョン　私は、「社会起業」を志す方々の起業支援をしてきたのですが、彼らはまさに「助けたい人」から起業プランを考える典型例です。

笹山　社会起業というと、たしかビジネスで社会貢献をすることですよね。一時期、話題になっていた気がします。

ジョン　そうです。

十分な教育を受けられない若者に向けた教育サービスや、途上国の経済状況を良くするビジネス、環境問題を解決する商品開発など、やり方は様々です。

そういった社会課題の解決を目指すのは、簡単なことではありません。自分の強みを起点に考えていると、力不足を感じるのも当然です。

それでもなお、「助けたい」という、やむにやまれぬ想いをもつ人が、社会起業家として活躍できるのだと思います。

笹山 「助けたい人」から考えるから、そういうビジネスが生まれるんですね。

ジョン はい。

「助けたい人」を具体的にイメージできている人と、そうでない人は、とくに起業する場面では結果が大きく変わります。

たとえば、ただ「環境問題はよくないから、解決するものを作ればビジネスになる」と考えて起業をしても、なかなかうまくいきません。ビジネスとして稼ぐことだけが目的なら、他のやり方がありますから。

そうではなく、実際に環境問題の影響を受けている人のことを知り、「本当に助けたい人」としてきちんとイメージできていれば、その人に届くビジネスを作ることができます。

そして、失敗があっても乗り越えることができます。

笹山 「世の中の役に立つビジネスをしたい」という気持ちは僕も共感しますけど、それだけではいけないんですね。

ジョン **「世の中」というとあまりに漠然としていますから、まずは特定の人物でもいいので、助けたい人をきちんと認識しておくことを意識してください。**

笹山 「自分の強みで助けられる人を考える」と「自分が助けたい人から考える」。なんとなくですが、助けたい人から考えるほうがかっこよく感じますね。ヒーローみたい。

ジョン　そうですか（笑）。でも、2つのアプローチのどちらを選んだとしても、最後は同じところに行き着きます。

ほとんどのビジネスは社会の役に立っているわけですから、「助けられる人」が存在します。自分の強みを発揮しようとして、世の中に役に立って、その結果として利益が生まれるのも、やはり素晴らしいことだと思います。

笹山　利益ありきではないけれど、利益も大事。

ジョン　もちろんです。**どんなに社会に役立つ素晴らしいビジネスでも、利益がなければ継続できません。**

日本には社会から長く愛されている100年企業が多くありますが、これは社会の役に立ちながらも、きちんと利益もあげてきたからこそ。このバランスをきちんと考えることが大切なんです。

笹山　わかりました。

これまでは転職しか考えていませんでしたが、ジョンさんの話を聞いていて、起業や副業の意味や可能性も見えてきた気がします。

ジョン　それはよかった。次は、いよいよ最後のステップです。

笹山　最後、ですか？

ジョン　はい。自分の本当にやりたい仕事を掴み、そのための方法や選択肢も見えてきた。ここからは、笹山さんが頭で考えてきたことを、行動に移していくフェーズです。

STEP 5

実際に「仕事」にしてみる

仕事は探すものではなく、創り出すもの

ジョン　それでは、最終回ですね。はじめましょうか。

笹山　よろしくおねがいします。その前にちょっとだけいいですか？

ジョン　はい。なんでしょうか？

笹山　前回ジョンさんとお話しした後、妻と少し話をしました。

ジョン　そうですか。どんなことを話したんですか？

笹山　実は、ジョンさんとお会いするまでは、妻とかなりギクシャクしていたんです。

少し前に僕が転職したいって伝えてから、お互いに気まずい雰囲気になっていて。だから家に帰りづらくてあの日もバーで飲んでいたんですけど。

ジョン　あのときはかなり酔っていましたね（笑）。

笹山　お恥ずかしい（笑）。

だから、ジョンさんと会っていることも今まで妻には話していなかったんですが、この前、

話してみました。

僕が転職を考えるようになったきっかけや、ジョンさんに相談していること、僕が本当にやりたい仕事について。

ジョン　奥様は、どんな様子でした？

笹山　それが、拍子抜けするくらいにあっさりしたリアクションでした。「やりたいことがあるなら、頑張ればいいじゃない」って。

ジョン　それは良かった。

案外、そういうものなんですよね。

私がカウンセリングをした方のなかにも、キャリアの悩みをご家族に打ち明けられずにいる方は少なくありませんでした。

でも、ご自身の方向性がきちんと定まれば、自信を持って話せますし、ご家族の受け止め方も自ずと変わるものです。


笹山　そうですね。

あれからふたりで、色々と今後のことを話しました。彼女にも、僕が知らない「やりたいこと」があったみたいで。

仕事や働き方、住む場所、子どものことなど、不思議なくらい話が弾みました。そうやって妻と話しながら考えていたのですが。

ジョン　なんでしょうか。

笹山　**僕はこれまで、仕事というのは「探すもの」だと思っていたんです。**
求人情報を見て、できるだけ良さそうな条件のところを絞り込んでいくような。だから転職するときも、簡単な攻略法を見つけたいと考えていました。
でも、もっとキャリアって幅広い話なんだな、と。生き方そのものを考えるというか。

ジョン　素晴らしい。そのことに気づくだけでも、人生の可能性は大きく広がりますよ。
仕事というのは本来、探すものではなく、創り出すものです。本当にやりたい仕事がこの世界になければ、自分で新しく始めれば良い。
そんな姿勢が身につけば、どんなキャリアを進むにせよ、人生は豊かになります。

笹山　探すじゃなくて、創り出す。
僕は今、やっと自分が進む方向性が見えてきました。転職も考えていますが、自分でビジネスをすることにも興味があります。

今回は、その具体的な方法を知りたいと思っています。

ジョン　わかりました。

起業やビジネスと言うと難しく感じるかもしれませんが、要するに「ありがとう」と言ってもらえる機会を増やし、お金をいただけるようになればいいわけです。できるだけシンプルにお伝えしますね。

まずは小さく始めてみる

笹山　では、お願いします。

ジョン　「本当にやりたい仕事」を実現するまでには、5段階のステップがあると考えてください。

キャリアチェンジを成功させる人は、ほぼ共通してこれら5段階をクリアしています。

笹山　5つもあるんですね。

ジョン　大丈夫。

5つのステップのうち、笹山さんは2つをもうクリアしていますよ。では、お話ししますね。

1　自分の「やりたいこと」をみつける
2　自分の「強み」をみつける
3　小さい行動からはじめてみる
4　失敗に慣れ、素早く軌道修正する
5　「自分が役立てる人」に価値を提供し続ける

笹山　1と2はこれまでに聞いた話ですね。

ジョン　はい。

今の笹山さんは、自分の「やりたいこと」と「強み」を見つけ、「本当にやりたい仕事」の方向性を見つけています。

あとは、ここで見えてきた方向性にしたがって、具体的な行動に移していきます。

笹山　なんだか緊張しますね……。

これまでは頭の中で考えるだけで良かったので。

ジョン　やりたいことや強みが見つかると、いきなり転職や起業など大きなことを考えて緊張しがちですが、ここで少し落ち着く必要があります。

大きな目標を達成するには、「小さな行動」がカギになるからです。いきなりフルマラソン完走を目指さず、1キロ、次の1キロ、といったように、無理のないスケールを意識してください。

笹山　最近は転職サイトを見たり、起業についての本を読んだりするのが楽しくなっていました。気になる企業があったらついエントリーしそうになります。

ジョン　その意欲はいいことです。でも、あまりに大きな行動をいきなりしてしまうと、取り返しがつかなくなる可能性があります。転職した後に、「思った仕事と違った」と後悔するのは嫌ですよね。前に、「仮決め」の話をしましたが、今、笹山さんが頭の中で考えている「本当にやりたい仕事」が、今後変わる可能性もゼロではありません。**行動に移してみて始めて分かることは非常に多いですから、いったんは何事も仮決めと考えて、小さな行動をするのが正しいです。**

笹山　そうか。少し落ち着くようにします。小さな行動を意識するのは、どうしてなんですか？

ジョン　ひと言で言えば、新しいチャレンジには失敗がつきものだからです。

笹山　やっぱりそうですよね……。

ジョン　ただ、失敗といっても大きな失敗もあれば、小さな失敗もあります。お金で測ると分かりやすいですが、いきなり1000万円を出して会社を作って人を雇うのではなく、まずは10万円でひとりでもできることを考えれば、失敗したときのリスクを抑えることができます。

笹山　たしかにそうですね。

ジョン　大きな失敗をすると、せっかく見つけた情熱の種火も消えてしまう。だから、小さな行動を積み重ねながら、情熱を大切に育てていかないといけません。

笹山　頭の中では大きなことができそうでワクワクしますが、「今すぐやれ」と言われると躊躇しますし、失敗が怖くなってしまいます。

ジョン　はい。

だから、まずは「できそうなこと」から始めてみることをお勧めします。

ゲーム開発に興味があるなら、無料のサービスで簡単なものを作ってみる。小説家になりたいと思ったら、まずはブログなどで作品を載せてみる。

海外でビジネスをしたいのであれば、そうしたビジネスをしている人とSNSでつながって

本当にやりたい仕事を実現する 5つのステップ

■大きな目標を達成するためには？

①自分の「やりたいこと」を見つける

②自分の「強み」を見つける

③小さい行動からはじめてみる

④失敗に慣れ、素早く軌道修正する

⑤「自分が役立てる人」に価値を提供し続ける

①と②は、もう
できている！

①と②までは、まだ本当の自分、そして本当にやりたいことを知るためのものです。③～⑤になって、いよいよ「仕事」として成り立たせるための行動が始まります。

本書では、その行動の指針となる考え方について詳しく説明していきます。

みる。そんな感じです。

笹山　なんとなく分かってきました。

ジョン　現代は、そうした小さなチャレンジをしやすい世の中になっています。自分が作った作品をホームページやＳＮＳで発表するのはお金をかけずともできますよね。

人の力を借りる必要があるときも、クラウドソーシングサービスを使ったり、ＳＮＳでつながっている人に協力してもらったり、といったことが可能です。

笹山　分かりました。

とにかくまずは小さくやってみる、ですね。

「お客様」としてビジネスを体感する

ジョン　ちなみに、笹山さんはすでに行動をはじめていますよ。

笹山　え？　まだ何もしていませんけど。

ジョン　今こうして、「やりたいこと」を言葉にしているじゃないですか。

「やりたいことを10回言えば叶う」といった言葉もありますが、実際、「叶」という漢字は、口と数字の十が組み合わさっていますよね。

笹山　10回言うだけで叶うなら、何も苦労はないんですけど。

ジョン　そう思うかもしれませんが、「本当にやりたいこと」を言葉にし、人に伝えるのは思った以上に大変なことです。

とくに本当にやりたいことであればあるほど、人に否定されるのが怖いので、口に出せなくなる。

にもかかわらず、笹山さんは言葉にしていて、奥様にも話をされたということですから、これは間違いなく進歩です。

笹山　まあ、ジョンさんは話しやすいからいいんですが、これを会社の人たちに言うのは、やっぱり気が引けます。

ジョン　それは当然です。

まずは否定しなさそうな、笹山さんの気持ちを受け止めてくれそうな人がいいと思います。そうして味方を増やしていってください。

笹山　あとは、どんなことができますか？

ジョン　**前にも同じようなことをお話ししましたが、ビジネスというのは、「価値を生み出す人」**

と、「価値を受け取る人」との関係で成り立ちます。

仕事としてやりたいことを見つけたら、その仕事を価値として受け取るお客様を探してみてください。

笹山　うーん。でも、いきなりお客様を見つけるのはすごく大変そうです。

ジョン　おすすめなのは、まずは笹山さん自身が、一回お客様を経験してみることです。たとえばカウンセリングをやりたいのであれば、カウンセリングを受けてみる。カフェを開きたければ、気になるカフェに行ってみる。

笹山　それはどういう意味があるんですか？

ジョン　お客様として体験をすると、ただインターネットなどで調べるよりもはるかに濃い知識を得ることができます。

その分野で人気のサービスはどんなものなのか、競合の状況はどうなのか、お客さんとして「もっとこんなサービスならいいのに」といった改善点はないのか。

そんな風に、実践的な知識を得ることができます。これが、ビジネスを立ち上げるときにお客様を見つけるために役立ちます。

笹山　なるほど。

自分のやりたいことであれば、楽しみながらリサーチができそうですね。僕なら、ゲームをすればいいのかな。

ジョン　ゲームをするなら、ただ遊びとして楽しむのではなく、どういう工夫がされているのかに注目してみてください。

人気のソフトがあったら、何がそんなに魅力的なのかを考えてみます。

さらに、インプットだけでなく、アウトプットにもチャレンジしてみましょう。

笹山　アウトプット、なんだか難しそう。

ジョン　**ここでも「小さく始める」ということを忘れないでください。**

いきなりゲームを開発するのは難しくても、まずは学んだことをブログやＳＮＳで発信してみるのはどうですか？　たとえば笹山さんが独自の視点でまとめたゲームのレビュー記事を載せたり。

笹山　なるほど。それならできそうです。

ジョン　私の知っている方には毎日ブログを更新されている方もいますが、無理のないペースで始めるのがコツです。

最初から「毎日更新しよう」「１００万ＰＶを目指そう」「ブログだけで十分な収入を得たい」といったことを考えると、なかなかうまくいきませんから。

笹山　つい、大きな目標を立てそうになるんですよね。

ジョン　何度も繰り返しますが、ポイントは行動を小さなステップにしてみることです。**そして、わずかでも行動できたことがあれば、自分を褒めてあげましょう。**

間違いなく、大きな目標に一歩近づけたわけですから。

また、これは予算との相談になりますが、スクールやセミナーに行ってみてもいいと思います。

笹山　ジョンさんは、僕が税理士などの資格学校に通うことを考えていると言った時、反対しましたよね。

ジョン　はい。

それはやりたい仕事を見つける前に、むやみに学校に通うことに反対しただけです。

やりたいことがあるのであれば、そこに関連する学びを得ることは大切です。同じ分野で活躍されている講師や、一緒に学びあえる仲間も見つかりますから。

笹山　スクールに通うとして、なにか押さえておくべきことはありますか?

ジョン　**ただ知識やスキルを習得するだけではなく、その裏にどのようなビジネスがあるのかを見てください。**

講師やともに学ぶ人達が、専門分野の知識を使ってどんな風に収入を得ているのか。問題をどうやって解決しているのか、そういった実践的な知識は、一緒に学ぶスクールの利点です。知識を得るだけならテキストや本だけでも可能ですが、せっかくスクールに行くなら、人との関係を作るのをお勧めします。

同じ分野を目指している人とのつながりは、いつか仕事を生む可能性があります。困ったときに相談できる人がいるのは心強いものです。

失敗に慣れ、素早く軌道修正

ジョン　次のポイントが、「失敗に慣れ、素早く軌道修正する」ということです。
笹山　失敗って避けるべきものだと思うんですが、むしろ慣れたほうがいいんですか？
ジョン　**まず理解していただきたいですが、前にお話しした「トラウマ」と「失敗」は似ていますが、私は別物として捉えています。**
トラウマは無理に解消することはできません。
だから、トラウマを自分の個性として認め、別の視点からポジティブに捉えなおすことが有効です。
一方、失敗というのは、行動の結果として生まれるもの。目標に到達できなかったら失敗です。

「テストの合格を目指したけれど、不合格だった」という感じですね。だから、やり方を変えることで、失敗を減らすことが可能です。

笹山　なるほど。慣れたほうがいいのは、どういう理由ですか？

ジョン　少しだけ、スキーを例に挙げてお話したいと思います。

私はスキーが趣味なのですが、初心者向けの講習を受けたとき、最初に教わったのが「転び方」でした。

正直、なんの意味があるのかと思いましたが、何度も転ぶうちに、転ぶことへの恐怖心がなくなり、スキー板にしっかりと力を加えられるようになっていきました。そのおかげで、その後の上達はとても早かった。

笹山　スキーならそうかもしれませんが、キャリアチェンジの場合、何度も失敗するわけにはいかないと思います。

ジョン　**だからこそ、小さな行動に分けて、取り返しのつく形で失敗してみることに意味があるんです。**

笹山　最初から失敗を避けようとしてはいけないんですか？

ジョン　**失敗を避ければ避けるほど、よけい怖くなってしまいますよ。新しい行動をするときは失敗がつきものです。**

「最初からうまくいくことは、ほぼない」ということを頭に入れておくだけでもショックを和らげることができます。

笹山　たしかに、「今から叩く」と言われて叩かれるより、不意打ちのほうがダメージが大きいですよね（笑）。

ちなみに、僕みたいにキャリアチェンジをする人に起きがちな失敗って、どんなものがあるんですか？

ジョン　**やりたいことを人に話して、賛同されると思ったら否定される。**

これが、キャリアチェンジを実行に移すときに、大半の人が直面するものです。

笹山　……これは分かります。

妻には否定されなくて良かったですけど、否定されていたらかなりショックだったと思います。でも、今後も今の会社の上司などに話すかもしれないので、やっぱり心配ですね。

ジョン　**人はそれぞれ特別な存在だからこそ、人同士で理解し合うのは難しい。そのことはまず知っておいたほうがいいと思います。**

だから笹山さんが「これをやるべき！」と確信して話しても、否定されることは十分にありえます。

でも、人から理解してもらえないということは人と自分は違うということ、言い換えると自分らしいことの証明ですから、ポジティブに考えましょう。

笹山　ほかには、具体的にどんな失敗がありますか？

ジョン　起業をする人の場合、営業に苦手意識をもつ人は多いですね。商品やサービスを考えるのは好きでも、お客様から否定されたときのショックが大きく、なかなか次の足が出なくなってしまう。

自分がいいと思って始めたビジネスで、思うように顧客が集まらないと、期待と現実にギャップを感じて失敗と考える人が多いです。

笹山　それは共感しますね。自分が一生懸命考えたのに、「いらない」と言われるのは想像したくないです。

ジョン　ただ、冷静に考えてみてください。どんなおいしい料理でも、満腹のときには食べたくないものです。

サービスや商品も同じで、いかに素晴らしいものを作っても、時と状況により断られるのは

自然なことです。

笹山　とはいえ、ずっと断られたら、やっぱり失敗じゃないですか。

ジョン　失敗を失敗のままで放置していたら、そうです。

でも、失敗は「成功へのプロセス」にすることもできる。失敗をしたら、その原因を考え、軌道修正して次の行動につなげればいいのです。

笹山　どんな風に軌道修正するんですか？

ジョン　**まずは失敗したことを素直に認めることです。**

先ほどお話したように、目標に到達できなかったのなら、それは失敗にほかなりません。だから失敗したことを認め、その後は落ち込むだけで終わらせず、「必ず改善できる」と考えてください。

笹山　必ず、ですか？

ジョン　はい、必ず改善できます。

プロ野球の野村克也監督は、「勝ちに不思議の勝ちあり、負けに不思議の負けなし」という言葉を残されています。

成功は運に左右されることもありますが、失敗には原因となる行動が必ず存在します。

だから、失敗の原因をきちんと分析して、同じ失敗をしないように行動を変えていけば、成

功に近づけることができます。

笹山　ちょっとずつ改善する。

ひとつでもふたつでも、できることから改善していくことです。

ジョン　**ここでは粘り強さが大切です。失敗したり反対されたりすると、ときにはやめたくなることも出てくるでしょう。**

しかし、「それでも諦めたくないなにか」があれば、続けられる。本当にやりたい仕事を見つければ成功する可能性が高くなるのは、そのためです。

たとえばブログを書くのが億劫になって続かなくなったとしても、「書きたい」という思いが捨てられなければ、新人賞の公募に応募したり、ライターとして仕事を始めたりといった別の選択肢が出てきます。

こうやって色々な行動をしてみて、自分が一番続けられそうなところを見つけていけばいいんです。

笹山　諦めなければ、いつかうまくいきますか?

ジョン　そのとおりです。

何事も、上手になるコツは、「たくさん失敗して、軌道修正する」ということです。

世界一の営業マンは、世界一断られている営業マン。スポーツでも、何度も練習で失敗しているからこそ、本番で素晴らしい結果を出せている。笹山さんも、失敗してもメゲないようにしてくださいね。

現場に身を置くと見える世界

笹山　小さな行動をして、失敗に慣れるのが大事、ということなんですが。新しいチャレンジをするとき、具体的に何をしたらいいのか分からない気がします。

ジョン　頭の中だけで考えていたら、そうなるでしょう。**だからこそ、「現場に身を置くこと」がとても大切です。**

笹山　現場、ですか？

ジョン　本当にやりたい仕事が行われている現場です。ゲーム開発であれば、ゲーム開発をしている会社になるでしょう。

地域活性化の仕事をしたいのなら、その地域に飛び込む。そんなふうに、バイトでも副業でもいいので、その場に身を置いてみるんです。

イベントに参加するだけでも意味があります。

笹山　それは、前におっしゃっていた「解像度」が上がるからですか？

ジョン　そうです。

現場にいると、知らず知らずのうちに「自分が何をすべきか」が見えてきます。

その現場には、笹山さんと同じ方向に向かって歩んでいる人たちがいるわけですから、リアルなヒントになるでしょう。

私がキャリアカウンセリングをした人のなかにも、何年も状況が変わらなかったのに、現場との接点をもった途端に物事が動き出した人がいます。

笹山　聞かせてください。

ジョン　Fさんとしましょうか。

Fさんは大学卒業後、新卒で国税局に採用され、公務員になった方です。

仕事へのはっきりした不満はなかったようですが、今の笹山さんと同じくらいの年齢のとき、公務員の仕事を一生続けることに疑問を抱きはじめたそうです。

そこで起業スクールに通うことになり、私と知り合ったのですが、Fさんが「本当にやりたい仕事」を考えた末にたどり着いたのが、「文章を書くこと」でした。

笹山　文章、ですか。

ジョン　ですから最初は小説家になろうと考えたそうです。ただ、どうしても小説家になって食べていくイメージがもてず、具体的なアクションを起こすことができませんでした。

自分の強みをどう小説家として活かせばいいのか見えなかったようです。ご家族もいらっしゃったので、「食べていけないのでは」という不安も大きかったのでしょう。

笹山　現実的に考えれば考えるほど、悩みそうですね。

ジョン　そんなとき、Fさんは書店で偶然手にした本から、「ライター」の仕事を知ることになります。その本は、ビジネス書の分野で活躍されているプロのライターの方によるものでした。

笹山　たしかにライターなら、まさに文章を書く仕事ですね。

ジョン　Fさんも、その本を読んだとき、「この仕事なら自分に合っているかもしれない」と感じたそうです。そこで、Fさんは本の著者の方に連絡をしたところ、返事をもらうことができました。

これが、Fさんにとっての最初の現場との接点です。その後、Fさんはその著者の方が主宰するライター講座に通うことを決めました。

それまでは公務員の世界で生きていたFさんにとって、フリーライターや出版社、メディアの方と知り合う初めてのきっかけです。

笹山　じゃあ、ライターになることを決めていたんですか？

ジョン　いえ、講座に通い始めた時点では、Fさんもライターになる決心はついていなかったようです。

あくまでライターという選択は「仮決め」です。でも、現場の人と話をするうちに、ライターの仕事が魅力的であり、収入としても十分稼げることを知りました。

そして、現場に足を踏み入れたことで、Fさんは自分の強みが、ライターの仕事に活かせることに気づきました。

笹山　どんな強みだったんですか？

ジョン　まず、Fさんの国税局職員という経歴は、本人も驚くほど人に印象を残したそうです。「国税局職員でありながらライターを目指している」というギャップがあったからでしょう。

笹山　それはそうですね（笑）

ジョン　やがて、ライター講座を卒業したFさんのところには、徐々に人づてで「記事を書いてほしい」といった話が来るようなります。

公務員は副業を禁止されているので、すぐに仕事として受けることはできなかったそうですが、それでも「独立したらお願いしたい」という話は尽きなかったそうです。

マネージャンルの記事に強いライターは珍しいようで、国税局勤務という肩書が、「まさにピッタリ」と期待感があったのだと思います。

笹山　公務員勤務が、意外なところにつながるんですね。

ジョン　はい。

Fさん自身も、公務員からライターになることを考え始めたときは、「未経験なのに仕事はあるのか」「きちんとした仕事ができるのだろうか」と心配していたようですが、それは杞憂に終わりました。

その後、独立を決めるまでに迷うこともあったようですが、いざ独立をするとマネージャンルを中心に執筆依頼が増え、今はプロのライターとして活躍されています。

笹山　**現場に出ると、知識を得られるだけでなく、人脈もできるのがいいですよね。**

ジョン　おっしゃるとおり。

「自立する」というと、自分だけで頑張るイメージがありますが、人の力を頼ることでずっとうまくいくことが少なくありません。その人脈が仕事やお金を呼び寄せてくれるのです。

価値を提供し続ける

ジョン　いよいよ最後のステップですね。

笹山　なんだかドキドキします。

ジョン　**「自分が役立てる人に価値を提供し続ける」というものです。**

自分が役立てる人については、「やりたいこと」を見つけるときにも考えたことですが、あらためてこのタイミングで考え直してみてください。

笹山　たしか、「自分の強みで助けられる人から考える」か、「自分の助けたい人から考える」というやり方がありましたよね。

ジョン　そうです。

いずれのアプローチにせよ、「人を助ける」ということを考えてもらったのは理由があります。

繰り返しになりますが、あらゆるビジネスは、「助ける人」と「助けられる人」によって成り立っています。

だから、自分が助ける相手のことは、常に考えなくてはいけません。

笹山　僕がやる仕事で助けられる人を考えるわけですね。

ジョン　はい。

このことを意識することが、ビジネスを考えるうえで重要です。笹山さんも、普段買い物をしていると思いますが、お金を払うときって、何かしらの困りごととか、どうしてもほしいものがあるからですよね？

笹山　はい。理由もなくお金を払うことはないですね。

ジョン　笹山さんの仕事で助けられる人が、何を求めているのか。

それを知ることで、ビジネスのやり方を変えたり、効果のないやり方を切り捨てたりといったことが可能になります。

お客様の「本当のお困りごと」に届いているのかを考えてください。

笹山　本当のお困りごと？

ジョン　人にお金を払ってもらったり、時間を使ってもらったりすることは、大変なことです。

でも、本当のお困りごとに届けば、話は変わります。

たとえば、ただ水を売ろうとしても、どこでも水が手に入る日本で売るのは難しいでしょう。

しかし砂漠で水を売れば、買ってくれる人は必ず出てきます。

これは極端な例ですが、本当のお困りごとを抱えている人を見つけ出すことは、ビジネスの肝です。

笹山　でも、ゲームを作る仕事をするとして、困っている人って誰なんだろう。ゲームをしたい人っていうことですよね。

ジョン　深く考えると、「仕事の疲れを抱えていて、余暇にゲームでリラックスしたい人」「ゲームに没頭してストレスを発散したい人」「ゲームを通じて親子でコミュニケーションを取りたい人」といった形で、色々と出てくると思います。

このように、お困りごとを考えていくと、より受け入れられやすい商品やサービスを考えることができるはずです。

個性を活かし、「共感」と「信頼」を得る

笹山　企業で働くにせよ、起業するにせよ、お困りごとの解決を考えるのは共通していますよね。

ジョン　はい。そのように「何のためにやっているのか」ということを理解するのは、キャリアプランを描くうえでとても大切なことです。

価値を提供し続けるために必要な視点

■人はなんのためにお金や時間をつかうのか？

このためには
お金を払いたい！
いくら時間を
使ってもいい！
本当のお困りごと

あらゆるビジネスは、「助ける人」と「助けられる人」によって成り立っています。つまり自分の仕事は、「助けられる人」がいてこそ、ビジネスとなるのです。

「助けられる人」がなんのためだったら、お金や時間をつかってくれるのか？　これはすべてのビジネスの肝です。

笹山　ただ、困っている人がいたとして、その人を同じように助けようと考える人はたくさんいると思います。

もし僕が起業したなら競合も出てくると思いますが、ここは強みを活かして勝ち残っていく必要がありますよね？

ジョン　おっしゃるとおりです。自信がないですか？

笹山　少し。

ジョン　気持ちはわかります。

でも前にお話したように、100人中トップになれるくらいの強みを活かせれば、ビジネスとして十分成り立ちます。では、少し別の切り口でお話をしましょうか。

笹山　はい、お願いします。

ジョン　私は、これからの時代、やりたいことが具体的な人ほど、必ずお金につながると確信しています。

強みももちろん大切なのですが、それ以上に「やりたいこと」であることが重要と考えています。

笹山　それは、どんな理由があるんですか？

ジョン　これからの時代のビジネスにおいて問われるのは、「共感」と「信頼」の2つだと私は確信しているからです。

笹山　共感と、信頼ですか。

ジョン　そうです。

今は技術が発展し、商品の機能を高めたり、価格を下げたりしても、かつてほど売れなくなっています。以前なら勝てていた方法を使っても、競争に勝てない。

笹山　そういえば、昔は「電化製品はメイド・イン・ジャパン」とこだわっていましたが、今はそんなことがなくなりました。

どこで買った製品でも普通に使えますからね。

ジョン　ちなみに笹山さんは、スマホは何を使っていますか？

笹山　iPhoneです。

ジョン　他にも同じような機能のスマホはあると思いますが、どうしてiPhoneを選んだのですか？

笹山　スマホについてそこまで詳しくないのですが、たしかに機能はそんなに変わらないかもしれませんね。

むしろ他のスマホのほうが優れている機能もあると思います。
でも、まずはデザインが好きなんですよね。持っていてなんだか特別な感じがして、テンションがあがるというか。
毎年iPhoneの新製品が発表されるときは夜中でも起きてライブ配信を見ているのですが、未来を見ているみたいで興奮します。
ジョン　要は、iPhoneが好きなのですね？
笹山　まあ、簡単に言えばそうですね。
ジョン　笹山さんがiPhoneを選ぶ理由をもう少し紐解くと、「共感」と「信頼」に行き着きます。**笹山さんは、アップル社が製品などを通じて打ち出すイメージに「共感」しています。そして、製品が与えてくれる価値に対して「信頼」を置いているはずです。**
笹山　言われてみれば、そうですね。iPhoneを買うときは届くのがとても楽しみですし、実際に使ってみるといつも期待を超えてくるので、やめられないんですよね。
ジョン　アップル社のように、共感と信頼を多く獲得できれば、それだけビジネスを成長させることができます。
笹山　共感と信頼。

これはキャリアにもつながってくるのでしょうか。

ジョン　間違いありません。

自分がわくわくすることに気づき、そのわくわくを仕事やビジネスとして表現すれば、周囲から共感を得られます。

そして、自分が好きなことであれば長く続けられますから、「信頼」も獲得することができる。

単純に言ってしまえば、笹山さんが、ご自身の「個性」を発揮すれば、それだけでキャリアチェンジは成功します。

笹山　個性、ですか。

ジョン　はい。

共感や信頼は、苦労して必死に得るものではなく、自分の自然な感情から得られる、という点です。人それぞれのありのままの個性を素直に打ち出せば、共感や信頼を得ることができます。

笹山　ありのままの個性。

そういえば、子どもの頃から不思議に感じていたんです。学校の先生は「個性が大事」って言いますけど、学校のルールは個性をなくすようなものが多いじゃないですか。

就職活動のときも、それまで派手な格好をしていた同級生が急に黒髪に染めてリクルートスーツを着たりして。仕事って、どちらかといえば個性を押し殺すものだと思っていました。

ジョン　今日まで私の話を聞いてきた笹山さんは理解されていると思いますが、個性こそが究極の強みです。

積み上げてきた強みも大切ですが、自分自身の個性というのは、誰にも真似のできないものですから。

笹山　そう言われると、少し自信になりますね。

ジョン　前にＡＩの話をしましたね。

人間の仕事のうち、単純作業などは今後テクノロジーに代替されていくでしょう。**でも、笹山さんの個性を完全に再現したＡＩが生まれることはありません。笹山さんの存在は、替えがきかないものですから。**

笹山さんのコミュニケーションのやり方、思いやり、センス、創造性といった個性は、他にはない貴重なものです。こういう個性を押し殺すのではなく、キャリアに活かすことを考えてください。

「本当にやりたいこと」で
共感と信頼は得られる

■本当にやりたいこと＝個性の発揮

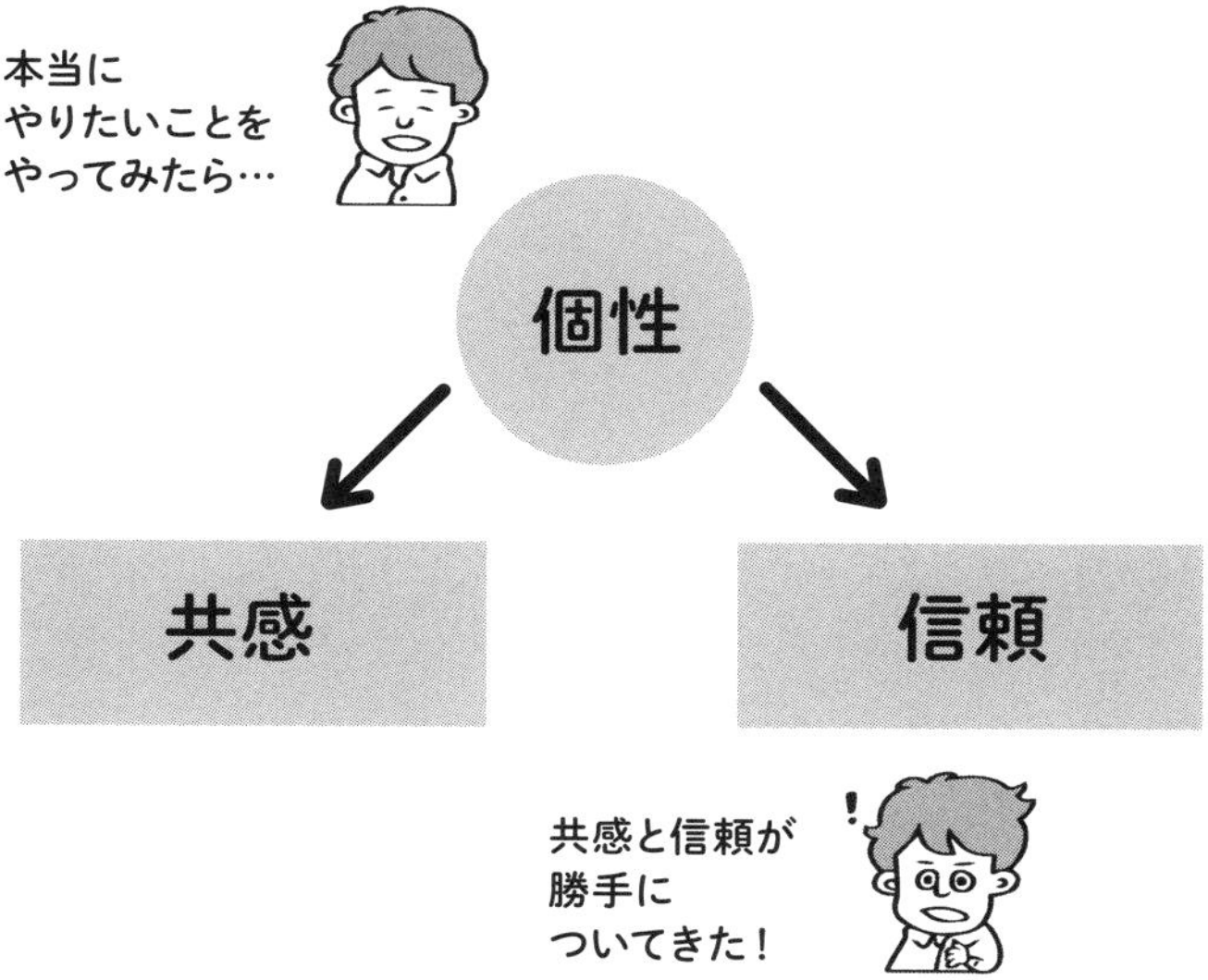
本当に
やりたいことを
やってみたら…
個性
共感
信頼
共感と信頼が
勝手に
ついてきた！

本当にやりたいことを仕事として表現できれば、周囲の「共感」は自然と得られる。その仕事は自分の好きなことなのだから長続きし、やはり自然と「信頼」を得られる。

自分で見出した「本当にやりたいこと」をすることが「個性を発揮する」こと。それだけで「共感」「信頼」がついてくる。

仕事をミッションワークに昇華する

ジョン　いよいよ最後になりました。

笹山さんは今、「本当にやりたい仕事」のイメージをつかみ、そのための行動を考えはじめていますね。

笹山　はい。

ジョン　このタイミングでお伝えしたいのが、「ミッションワーク」という仕事のあり方についてです。

笹山　ミッションワーク、ですか。初めて聞きました。どういう意味ですか？

ジョン　**その前に、笹山さんは、ライフワーク、あるいはライスワークという言葉を聞いたことがありますか？**

笹山　なんとなく。

ライフワークは一生続けるような仕事で、ライスワークは生活のために続ける仕事ですよね。

ジョン　はい。

ライフワークのポイントは、たとえお金につながらなくても、自分のやりたいこととして一生続ける仕事ということです。

たとえば趣味で絵を描いたり、音楽をやったり、ボランティアでサッカースクールのコーチを続けたり、といったイメージですね。

笹山　僕の祖父も、年金で生活できるのに、畑仕事を続けています。もう年だからやめるように親戚が言っているんですが。

ジョン　そういうライフワークは個人の生きがいにつながっているので、お金だけで割り切れるものではありません。

私も、趣味でやっている音楽は、おそらく収入につながりませんが、一生続けていくと思います。

笹山　僕はまだライフワークと言えるものはないですね。ライスワークで精一杯だったので。

ジョン　笹山さんは現役世代として生活を築いている最中ですから、それは普通のことです。ただ、ライスワークとライフワークが同じだったら、いいと思いませんか？

笹山　自分が一生続けたいような仕事で、しっかり稼いで生活できる……最高じゃないですか。

ジョン　私は、そんな仕事をミッションワークと呼んでいるんです。

笹山　ミッションワーク、覚えました。

ジョン　これまでお伝えした話で、「やりたいこと」と「強み」を掛け合わせる必要があると再三伝えてきたのは、ミッションワークにはこれら2つの要素が不可欠だからです。

「やりたいこと」だけでは、ライフワークになっても、ライスワークにはならない。「できること」だけでは、ライスワークになっても、ライフワークにならない。両方が揃ってはじめてミッションワークになります。

笹山　今、すごく腑に落ちた気がします。

ジョン　ミッションワークは、やりたいことでありながら、自分にしかできない仕事です。私であれば、キャリアカウンセリングを通じて人の本当の気持ちを呼び起こし、背中を押すことがミッションワーク。

20年以上に渡って、人材にかかわってきましたが、キャリアに関するあらゆる活動が私のミッションワークなのです。

笹山　僕はまだそこまでの確信を持てていないのですが、どういうきっかけがあればミッションワークを見つけられるのでしょう。

一生続けたい仕事でしっかり稼ぐ
ミッションワークを見つけよう！

■誰もが叶えたい究極の仕事

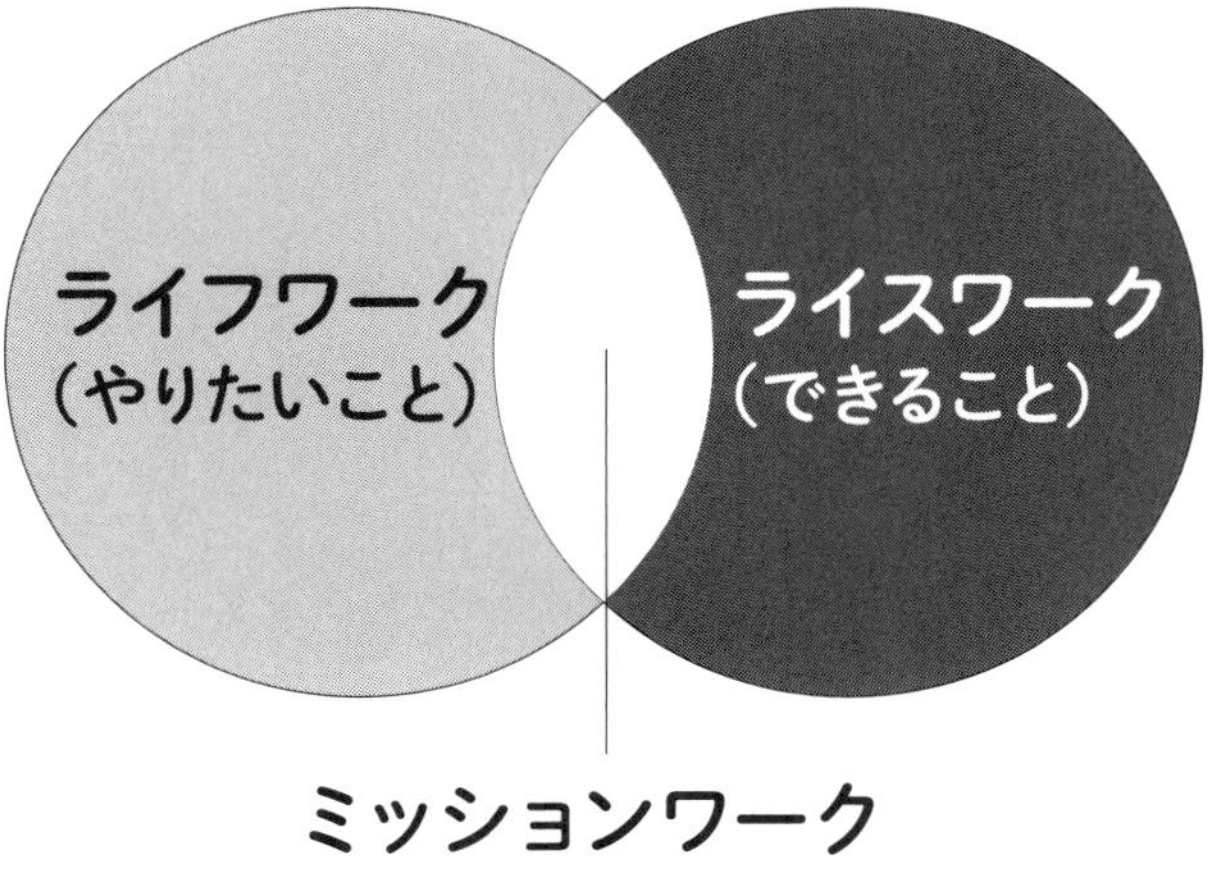

自分の「やりたいこと」と「できること」を、生涯続けたいと思う仕事「ミッションワーク」へと昇華するためには、
試行錯誤を繰り返し、数多くの失敗や成功を重ねなければならない。

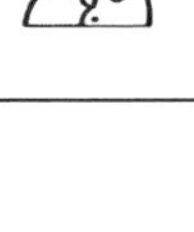

ジョン　ときには人生のなかで起きる危機的な状況が、実はミッションワークへの導きということもあります。

一見、何も不足のないような生活を送っている人が、ある日突然まったく別の道に進むようなことも。

笹山　成功した人のドキュメンタリーを見ていると、そういう瞬間がある気がします。

ジョン　私が長らくキャリアカウンセリングをしていたＩさんも、そうでした。

笹山　どんな転機があったのですか？

ジョン　Ｉさんは、ＩＴベンチャーの立ち上げに参画し、不足がちな従業員の中で様々な仕事をこなしてきた方です。

その後、結婚して仕事を辞められたのですが、専業主婦として幸せな生活を送っていたそうです。

旦那さんは上場企業の役員で、生活には何の不足もありません。ホームパーティーを開いたりして、その面倒見の良さから周囲には人が集まるような人物でした。でも、なぜか夫婦間で問題が起きるようになったそうです。

笹山　夫婦喧嘩ですか？

ジョン　はい。

夫婦の不和は行きつくところまでいき、Ｉさんは離婚を決意します。そのため、自分で稼げる道を探すべく起業スクールに入ることにしました。これがＩさんにとっての最初の転機です。

そこであらためて「自分は何がやりたいのか」ということを考え続けたところ、幼児教育に興味があることに気づいたそうです。

グローバルな環境でもたくましく生きていける子どもたちを育てるために、多国籍で、ときには障害者やＬＧＢＴの方も先生やスタッフとして働くような学校を構想していました。

笹山　そういう学校があるといいな、と僕も思いますけど。実現するのはかなり大変そう。

ジョン　そのとおりです。

学校をつくるのは並大抵のことではありません。

Ｉさんも、保育園をつくる事業計画を作り始め、数字に落とし込んだり、経営者のアドバイスを聞いたりするうちに、難しい事業であることに気づきます。

でも、「本当にやりたい仕事」のイメージを掴んでいたＩさんは諦めません。計画はなかなか進まなかったのですが、ある日、障害者雇用を推進する企業から、「アルバイトとして働きませんか」と声がかかったそうです。

笹山　すごいタイミングですね！

ジョン　はい。

Iさんに声がかかったアルバイトの業務自体は、幼児保育とは直接関係がなかったのですが、多様な働き方という観点で障害者雇用にも関心のあったIさんはその話を受けることにしました。

発達障害や精神疾患を抱えている若者たちと一緒に働くことになったIさんは、彼ら彼女らの素直さや魅力に気づいたと言います。

徐々に障害者雇用支援の仕事にやりがいを感じるようになったIさんに、願ってもない機会が訪れます。

笹山　教育の仕事ですか？

ジョン　はい。

もともとIさんがやりたいと思っていた幼児教育をする機会です。Iさんのアルバイト先の親会社の社長から、「事業所内の保育所の運営を任せたい」と打診が来たそうです。

笹山　すごい偶然ですね。

Ｉさんがアルバイトを始めたあとでそんなことが起きるなんて、ちょっと信じられない。

ジョン　笹山さんがそう思うのも無理はありません。

でも、そこに至るまでにはいくつかのきっかけがありました。

まず、Ｉさんは、アルバイトとして採用されるときに、社長に対して幼児教育への熱意を話していたそうです。

その後、社長はＩさんの働く姿を見て、誠実で謙虚な人柄に信頼を置くようになります。そんなタイミングで、社内で「従業員のための保育所を作ろう」という話が持ちあがり、Ｉさんに白羽の矢が立ったというわけです。

笹山　ちゃんと伏線があったんですね。それで、うまくいったんですか？

ジョン　保育所を開くうえで最初のハードルになったのが保育士の確保でしたが、これをＩさんは見事にクリア。予定通りに保育所のオープンにこぎつけました。

さらに、保育所を開いてからも、リーダーとしてしっかり運営を続けられています。

もともと、Ｉさんは専業主婦の頃にホームパーティーを開いていたように、人一倍面倒見がよく、人をまとめるのがうまかった。

この強みが保育所の運営でも発揮されたというわけです。自分のやりたいことと強みが、まさにミッションワークとして昇華した好例だと思います。

笹山　ミッションワーク。

なんだか壮大な感じがしますが、僕にもそういう仕事が見つかるのでしょうか。

ジョン　たしかに、ミッションワークといえるほどの仕事はすぐに見つかるものではないでしょう。

私も、これまで試行錯誤をして、数多くの失敗と、いくらかの成功体験を経て、やっとミッションワークといえる仕事を見出すことができたと思っています。

笹山　うーん、やっぱり。

ジョン　でも、笹山さんはきちんとミッションワークへの道筋をたどっていますよ。

笹山　そうなんですか？

ジョン　笹山さんは、今日までキャリアについて色々な悩みにぶつかってきたはずです。そしてこれからも悩みは尽きないでしょう。

でも、そういう悩みこそが、人生を変えるきっかけになります。悩みながら、少しずつ、少しずつ、理想とする仕事に近づいていけるんです。

笹山　僕はキャリアチェンジを考えはじめてから、「失敗をしたくない」「もう悩むのはやめたい」とずっと思ってきました。

なかなか状況が変わらなくてイライラしていました。

でも、今日までジョンさんと話していて、回り道のように思えることも意味があったんだな、って思えたんです。

正直、将来についてはまだ不安はありますけど、これからは今までよりも、もっといい形で、仕事や人生と向き合える気がしています。

ジョン　笹山さん、ずいぶんと変わりましたね。

笹山　そうですか？

ジョン　はい。

自分の思っていることを素直に言えるようになっています。最初の頃の優等生的な言葉よりも、ずっと魅力的ですよ。

今の笹山さんなら、周りの人も助けてくれるはずです。やりたいことが仕事になって、自分の強みを発揮して、誰かに喜ばれる。

これは何にも代えがたい喜びです。
ぜひそれを感じてみてください。
どこにいても、どんな仕事をしていても。

笹山　はい。
僕も必ずミッションワークを見つけたいと思います！

適職の次は、
ミッションワークを
見つけます！

あとがき

本書を最後までお読みいただき、ありがとうございました。
この本は、私がこれまでに行ってきたキャリアカウンセリングの経験について、２人の人物の対話形式でまとめたものです。

登場人物の笹山さんの言葉は、よくあるキャリアチェンジについてのお悩みが基になっていますが、私自身が「本当にやりたい仕事」を見つけるまでに感じた不安や葛藤も反映されています。

社会人になり、銀行員として疑いなく出世を目指していた若い頃の私は、留学中に投げかけられた「あなたが本当にやりたいことは何か」という問いかけを受け、キャリアを真剣に考え直すことになりました。
その後、キャリアチェンジ支援に関する仕事を「ミッションワーク」とするに至るまでには紆余曲折がありましたが、そうした経験を経て、確信していることがひとつあります。

それは、「あなたの命は素晴らしい」ということ。

キャリアについて考える人は、どうしても「自分にいい仕事が見つかるのだろうか」「転職市場で戦えるのだろうか」といった不安を抱くものです。他人が輝いて見え、自信を失くしてしまうこともあるでしょう。

しかし、本書でもジョンさんの言葉に託してお伝えしたとおり、あなたの「個性」こそが、究極の価値なのです。

既に皆さんの中に眠っている、「やりたい」という想い、あなたにしかない「強み」を引き出してあげれば、理想とする仕事に巡り会えることは間違いありません。

今は時代の過渡期です。人生100年時代という言葉のとおり、人生は長くなり、人が働く時間もかつてなく増えることが予想されます。

この時間を「やらされている」という気持ちで嫌々ながら過ごすのか、あるいは「本当にやりたい仕事」を見つけ、積極的に生きていくのか。その違いが人生の豊かさを左右することは言うまでもありません。

本書で最後に語った「ミッションワーク」という、本当にやりたい仕事で社会の役に立ち十分な収入を得られる働き方が当たり前になることで、現代社会が抱える様々な課題の解決にもつながると考えています。

本書が、先行きが不透明なこの時代において、キャリアの悩みを抱える多くの方の助けになることを願っています。

そして、John Lenonが『Imagin』で歌う世界平和を目指していきましょう。

「Imagin all the people, Living life in peace 〜」

最後になりますが、本書の制作にあたっては、徳間書店の田口卓さん、企画についてアドバイスをいただいた長尾義弘さん、私の言葉をもとに原稿を整理していただいた小林義崇さんにお世話になりました。
心より感謝を申し上げます。

そして、キャリアチェンジ支援活動を共に歩み本書でも貴重なアドバイスをくれたリソウル株式会社取締役扇谷麻子さん、キャリアチェンジサロン事務局山縣文さん、私の活動を陰ひなたに見守ってくれている家族、妻・真理子、長女・理紗、次女・めぐ、この素晴らしき世に生を授けてくれた父・尚高と母・憲子に、この場をお借りして感謝を述べたいと思います。

2021年5月　田中勇一

田中勇一（たなか・ゆういち）

キャリアチェンジサロン代表

京都大学理学部卒業後、住友銀行（現三井住友銀行）入社。米国カーネギーメロン大学にてMBA取得。ビジネススクール運営会社、経営人材の紹介をコアとする成長事業支援会社への転職を経て、新銀行東京設立プロジェクト草創期に採用統括責任者として銀行立ち上げに大きく貢献する。現在は、リソウル株式会社を設立し、大手GMSの銀行設立プロジェクト参画、法人向けの人事・採用コンサルティングや経営相談、個人向けには起業支援、転職支援、キャリアカウンセリング等に取り組む。2010年4月には日本初の社会起業家育成のビジネススクールである「社会起業大学」を設立し、グローバルに活躍できる社会起業家育成にも従事。2013年4月に多摩大学大学院客員教授に就任。2016年4月に一般社団法人公益資本主義推進協議会副会長に就任。2020年12月にキャリアチェンジサロンを立ち上げる。これまでに1万人を超えるキャリアカウンセリングを実施し、多くの人のキャリアチェンジに貢献してきた。
キャリアチェンジサロン●HP
https://careerchange.salon/

小林義崇（こばやし・よしたか）

元国税専門官のブックライター

1981年、福岡県生まれ。Y-MARK合同会社代表。

西南学院大学商学部卒業後、2004年に東京国税局の国税専門官として採用される。在職中は、都内の税務署、東京国税局、東京国税不服審判所において、相続税の調査や所得税の確定申告対応、不服審査業務等に従事。2017年、東京国税局を辞職し、フリーライターに転身。現在は書籍や雑誌、ウェブメディアの執筆活動に加え、お金に関するセミナーを行っている。おもな著書に『すみません、金利ってなんですか?』（サンマーク出版）、『元国税専門官が教える！ 確定申告〈所得・必要経費・控除〉得なのはどっち?』（河出書房新社）などがある。

公式サイト●https://yoshi-koba.com

イラスト	ヤギワタル
装丁	柿沼みさと
企画協力	NEO企画
編集	田口 卓

やりたいことは
よくわかりませんが、
私の適職教えてください！

第1刷　2021年5月31日

著　者　田中勇一
　　　　小林義崇

発行者　小宮英行
発行所　株式会社 徳間書店
　　　　〒141-8202　東京都品川区上大崎3-1-1
　　　　目黒セントラルスクエア
電　話　編集 03-5403-4350　販売 049-293-5521
振　替　00140-0-44392

印刷・製本　三晃印刷株式会社

ISBN 978-4-19-865294-4